미래 교육
이전에
내 미래가
더 걱정이다

미래 교육
이전에

생존주의 세대 교사가 쓰는
학교 사회학

서재민 지음

내 미래가
더 걱정이다

이비지니

이매진의
시선
時線
09

————

미래 교육 이전에 내 미래가 더 걱정이다
생존주의 세대 교사가 쓰는 학교사회학

1판 1쇄 2021년 5월 27일
지은이 서재민
펴낸곳 이매진 **펴낸이** 정철수
등록 2003년 5월 14일 제313-2003-0183호
주소 서울시 은평구 진관3로 15-45, 1018동 201호
전화 02-3141-1917 **팩스** 02-3141-0917
이메일 imaginepub@naver.com
블로그 blog.naver.com/imaginepub
인스타그램 @imagine_publish
ISBN 979-11-5531-123-3 (03300)

• 환경을 생각해 재생 종이(표지 인스퍼 에코 203그램, 본문
  그린라이트 70그램)로 만들고, 콩기름 잉크로 찍었습니다.
• 값은 뒤표지에 있습니다.

이런 책을 기다렸다. 교육계 안의 관료제, 능력주의, 권위주의를 현장 교사가 사회학 렌즈를 끼고 신세대 감수성으로 진단했다. 포스트 코로나 시대까지 아우르는 최신의 학교 풍속기로 발군이다. 참신하다. 혁신학교, 학생 자치, 미래 교육, 온라인 교육 등 교육계의 낯익은 화두를 새로운 방식으로 전개하는 솜씨가 일품이다. 진보적 지향과 따뜻한 시선이 느껴지지만 이념적이거나 추상적이지 않다. 속도감 있는 단문에 실린 생각과 표현이 젊고 신선하다. 기대된다. 앞날이 창창한 신세대 교사 필자가 등장했다.

— 곽노현. 징검다리교육공동체 이사장, 전 서울시교육감

젊은 교사 서재민은 8년간의 교사 경험 속에서 '진짜 교사'와 '진짜 자아'를 찾는 자기를 발견하고, 사회학적 해석을 더해 고백하고 있다. 학교는 학생뿐 아니라 교사가 성장하는 공간이기도 하다. 교사는 물론 성장을 꿈꾸는 모든 이들에게 추천한다.

— 홍제남. 오류중학교 교장

서재민 선생님은 처음 만날 때부터 또렷했다. 나는 내심 기다려 왔다. 서 선생님이 뭔가 큰일을 저지르기를. 기다림은 배신당하지 않았고, 나는 멋진 책 한 권을 받아들었다. 교육이 마땅히 지향할 가치와 학교라는 제도와 교사의 일상이 만나는 자리에서 일어나는 일들을 이토록 생생하고 성실하게 풀어낸 글이 또 있을까? 99퍼센트의 확률로 단언컨대, 이 책은 더 많은 교사들의 '이야기'를 불러낼 마중물이 되고 서재민 선생님은 앞으로도 계속 큰일을 저지를 거다.

— 박현희. 여의도고등학교 사회 교사, 《백설공주는 왜 자꾸 문을 열어줄까》 저자

학교는 권위적인 공간이다. 기성 사회의 가치를 가르치고, 교사들도 이 가치를 충실히 따른 사람인 경우가 많기 때문이다. 물론 교육이라는 활동에 권위가 필요하다는 말은 재론의 여지가 있지만, 권위주의는 필연적으로 학생들의 자율을 억압할 수밖에 없고 아이들은 이 권위주의를 학습하고 후배들에게 재생산한다. 이 책은 권위주의가 재생산되는 과정을 보여주고, 나도 그 과정에서 부품 구실을 하지 않았는지 되돌아보게 한다.

— 문재영. 오류중학교 국어 교사

발령받은 학교에 이상한 선배가 있었다. 진지한 듯 조금 촐싹대는 면이 있기는 했지만, 세상에 대고 '미래 교육 이전에 내 미래가 더 걱정이다'고 외칠 줄이야……. 고개가 절로 끄덕여지는 제목의 이 책은 세상사에 초연하고 내 미래만 걱정해서는 어느 누구의 미래도 낙관할 수 없다며, 모두 필사적으로 달려도 필연적으로 불행한 지금, 의미 있는 미래를 함께 만들어가자고 손을 내민다.

─ 한채민. 구로중학교 영어 교사

'관종'이라는 말은 참 나쁘다. 관심받고 싶은 욕구는 다들 있는데, 좀 과하다고 병으로 취급한다. 이 욕구는 대인 관계에서 '유머'로 발휘된다. 여기에는 언어유희, 슬랩스틱, 상대 얕보기, 성대모사 등 하위 장르가 많다. 내게 맞는, 내가 가장 잘할 수 있는 장르를 입는다. '블랙 코미디'다. 난처한 처지에 놓인 사람이 시도하는, 꽉 막힌 상황을 뒤집는 생각과 말하기. 웃음이 쓴웃음이 되는 반전이 좋다. 주변의 익숙한 대상을 향할 때 더 짜릿하다.

학교가 처음부터 이상해 보이지는 않았다. 아이들이 좋아서 교사가 된 건 아니었지만, 지내다 보니 아주 좋은 직업이라는 생각이 들었다. 그런데 이 생활에 익숙해질수록, 여기서 오래 버티기가 어려울 수도 있겠다는 느낌도 커졌다. 이전까지 내가 속한 곳에서 그래왔듯이, 학교에서도 무색무취하게 잘 지내고 싶었지만, 그런 날이 별로 없었다. 이리저리 나를 흔들리게 하는 일들이 자꾸 벌어질 때마다 여기서 잘 생존하지 못할지도 모른다고 생각했다. 나 자신을 탓했지만, 점차 내게 벌어지는 일들이 나만의 문제가 아닐 수도 있다는 생각이 들었다.

그럴듯한 말들이 학교의 기능과 구실을 역설하고, 학교의 밝은 미래를 전망한다. 갑자기 코로나19가 휩쓸면서 미래 사회와 기술 유토피아 속의 학교를 그리기도 한다. 내가 볼 때는 무모한 상상이다. 공교육이 그리는 목표와 학교가 놓인 현실 사이의 거리가 멀었다. 학교의 관행, 관례, 제도는 여전히 과거에 머무른 채였고, 교사는 이 거리를 좁히라는 해내기 어려운 짐을 짊어지고 있었다. 학교가 지금 같아서는 미래는 없어 보였다. '이런 학교에서 생활을 계속할 수 있을까?' 무엇보다도 내 미래가 걱정됐다. 별 소용도 없을 줄 알지만, 이런저런 반항을 하고 싶어졌다.

세상에는 돈, 마음, 관계를 훔치는 여러 사기꾼이 있다. 분야에 상관없이 사기꾼은 확신에 찬 말을 한다는 공통점이 있다. 이 '확신 어법'은, 슬프게도, 자기 삶에 불안을 느끼는 마음 여린 사람들에게 더 효과적으로 꽂히고 만다(사기꾼이 아니어도 '확신 어법'을 쓰는 사람은 우리 주변에 참 많다). 착한 사람은 못될지라도 사기꾼은 안 되고 싶다는 다짐을 하는 만큼 나는 학교와 교육에 관해 '확신 어법'을 쓰지 않으려 한다. 그러면서도 평범한 일상을 사는 내가 학교에서 맞닥트리는 일들에 관해, 어느 지점에서 고민하고 어떻게 대응해온지를 솔직하게 보이고 싶다.

이 문제의식이 우리 사회의 어둠에 관련된다면, 이야기는 사람들 사이에 나뉘고, 확장되고, 변화를 위한 힘이 될 수 있다. 나는 학교에서 벌어진 일들을 말하지만, 이 이야기는 학교 밖 사람들의 고민일지도 모른다. 학교 안과 밖의 고민이 여기서 만난다.

차례

2부 학교를 휘감은 넝쿨

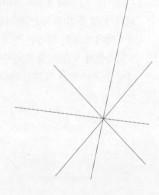

3부 월급 루팡이 되고 싶지는 않아

1부

나의 생애, 학교의 생애

나의 생애와 학교의 생애가 교차한다. 나와 학교, 서로 알아간다. 우선 내가 살면서 만들어온 세상을 바라보는 나의 위치를 찾는다. 그곳에 서서 학교가 어떤 모습으로 보이는지 밝힌다. 요리조리 뜯어봤더니, 학교는 흑백의 네모난 평면이 아니었다. 학교는 여러 색이 덧칠해져 흑색을 띤 입체 도형이었다.

1장
내가 세상을 배워가는 방식

살아온 건지, 살아남은 건지

35년의 길다면 길고 짧다면 짧은 생애에서 '당장 먹고살기'가 늘 문제였다. 보통의 삶을 사는 누구나 그랬지만, 내게는 더 그랬다. 한국은 한 개인의 생애를 직계 혈족이 모두 떠안는 '가족주의'* 사회다. 도시 영세 자영업자 하층민 가정에서 자라는 건 믿고 기댈 수 있는 삶의 안전망이 없다는 의미였다. 진학이나 취업에서 실패하면 바로 나락으로 떨어질 수 있는 위태함이 계속됐다.

다행히 여러 고비를 하나씩 잘 넘겼다. 초중고 12년을 '거의' 개근으로 다녔다. 먹고사는 데 큰 문제 없다고들 해서 사범대를 갔고, '직업인으로서' 교사가 됐다. 결혼 '적령기'에 결혼식을 치

---

* 김동춘, 《한국인의 에너지, 가족주의》, 피어나, 2020, 43쪽.

르고, 저출생 시대에 아이도 낳아 기른다.

이렇게 무난한 삶의 경로를 그린 데는 마음속 깊이 자리한 '안정을 향한 갈구'가 영향을 미친 게 분명하다. 나는 정치적 지향하고는 별개로 삶을 대하는 태도가 '보수保守'적이다. 이성적 판단 이전에 '기질'적으로 안정을 추구한다. 세상이 짜놓은 '마땅히 거쳐야' 할 과제를 한 번도 거스른 적이 없었다. 살면서 맞닥트리는 선택의 순간마다 변화를 꾀하기보다는 현재를 적극적으로 받아들였다. 이 불안의 시대에 교사는 '안정적'이라는 특성이 가장 큰 장점으로 떠오르는 직업이다. 여기에 발을 들인 건 내 보수성이 잘 드러난 귀결이다.

어찌됐든 이제 경쟁에, 먹고살기에, 막막한 미래를 헤쳐 나가는 반복은 그만해도 된다. 적은 월급이지만, 한 달을 그럭저럭 살아갈 일정한 수입이 있다. 나도 이제 휴식과 여가를 소박하나마 즐길 수 있다. 살면서 처음 겪는 경제적 안정이고 심신의 안녕이다. 원래 풍요로운 생활을 누린 이들에게는 우스워 보일 수 있지만, 내게는 세상을 다 얻은 듯한 평온이다.

생존 경쟁에서 조금 거리를 둔 일상이 낯설지만 금세 익숙해졌다. 이대로 잔잔하게 유지되면 좋겠다. 직업 세계는 정서적으로 선을 긋자. '교사 자아'와 '본래 자아'(교사 외 자아). 이렇게 자아를 둘로 나누고, 그 사이에 마음의 벽을 친다. 학교와 교육에 큰 기대도 없고, 꿈꾸는 교사상은 막연하며, 멋진 교사가 되고 싶다는 포부도 없다. 조용히 주어진 일 적당히 하면서 꼬박꼬박 월급 받고는 싶다. 직업 세계에서 '교사인 나'의 에너지는 최소화한다. 가끔 주어지는 부담스런 상황은 살면서 적당히 익힌 둥글둥글한 사회성으로 가볍게 대처하면 된다.

흔들리는 내 안의 두 자아

이상하다. '교사 자아'가 자꾸 아프고 무너져 내린다. 일단 잊자. 자존감을 지키려는 사람들이 편하게 선택하는 '회피하기' 방식을 써본다. 이런저런 취미 생활, 방학 때는 여행 같은 다른 통로로 아픈 내 자아를 어루만진다. 무너진 '교사 자아'는 내버려두고, '본래 자아'는 잘 보살핀다.

그런데 한 쪽이 무너진다고 끝이 나지 않는다. 단단히 쌓은 두 자아 사이의 벽이 무색하게, '본래 자아'까지 아프다. '교사인 나'를 넘어, 나라는 사람 '그 자체'의 자존감까지 건드린다. 불안정이 오히려 더 일상이다. 도대체 왜 그럴까. 가끔씩은 책을 읽고 연수를 받으면서 상황을 이해하려 하지만, 쉽게 극복되지 않는다. 생각하는 것 자체가 싫은데, 조금만 관심을 가져보기로 했다. 내가 꿈꾸는 '안정'된 삶을 위해서라도 조금씩만.

불안정이 나에게 이르는 과정은 크게 두 흐름으로 나뉜다. 흐름 ①은 '학교에서 대체 어떤 일들이 나를 힘들게 하지?'이고, 흐름 ②는 '왜 교사로서 나에 그치는 게 아니라, 나라는 사람 자

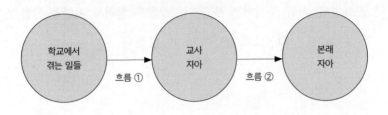

체를 흔들리게 하지?'다. 직업인으로서 교사가 지니는 자존감은
'학교', '학생', '수업'을 통해 규정된다고 치자. 그런데 온전하고
내밀한 '본래 자아'까지 상처를 입는다. 왜 그럴까. 흐름 ①과 흐
름 ②는 시간 순서상 분리됐지만, 사실 이 둘은 연계된 하나의
현상이기 때문이었다.

학교는 사람의 성장, 성숙, 변화, 발달에 관련된 '교육'을 매개
로 만남이 일어나는 공간이다. 이 만남 속에서 펼쳐지는 이야기
들에는 여기에 참여하는 사람들 각자가 갖는 세계를 대하는 관
점과 태도가 묻어날 수밖에 없다. '왜 그렇게 생각하는가?', '그
주장의 근거와 거기에 깔린 가치는 무엇인가?', '왜 그런 식으로
만 대응하는가?', '왜 자꾸 회피하는가?' 등.

교육을 매개로 한 대화는 사람과 세계를 어떻게 바라보는지
를 자기 자신에게 계속 묻게 한다. 그리고 인간의 성장 과정에서
교육이 미치는 영향의 범위와 크기, 그 변화에 영향을 주는 주변
사람과 환경 등은 자기 경험 속에서 각기 다른 기준과 태도를 지

니게 된다. 이를테면 나는 주변 사람들이 보내는 적극적인 자극 때문에 아이의 행동이 곧바로 변한 모습을 그리 긍정적으로 보지 않는다. 주변에서 자극을 받을 때 나는 오히려 하지 말라는 행동을 하거나 어쩔 수 없이 건성으로 따르는 태도를 보였다.

진정한 변화와 성숙이란 살아가며 경험하는 크고 작은 자극들이 내 안에 잠재돼 있다가 천천히 소화되면서 내면의 힘이 될 때 일어난다. 주변 사람들은 옳은 가치와 행동에 관해 말해줄 뿐, 자기 눈앞에서 한 사람의 변화한 모습을 보려고 성급하게 기대하면 안 된다. 그래서 교사로서 나는 학생들이 내 눈앞에서 곧바로 극적인 변화를 보일 때 내가 직업 윤리를 잘 실천했다고 생각하지 않는다. 학생들하고 일정한 정서적 거리를 유지한 채 수평적인 관계 속에서 대화하면서 여러 가치를 고민할 수 있는 질문을 던지는 정도만으로도, 나는 교사로서 충분한 구실을 했다고 생각한다.

교사 자아는 나의 본래 자아에서 분리할 수 없었다. 내가 학생들을 대하는 방식에서 내가 만들어온 세계관, 가치관, 인간관이 드러났다. 학교에서 내가 하는 생각과 행위는 '본래 자아'가 드러나는 과정이었다. 내 삶 전체를 거치며 만들어진 가치관이 교육관, 학생관, 학교관에 녹아들어 있었다.

그렇기 때문에 교육에 관한 대화를 하려면 대화에 참여하는 사람들 각자가 만들어온 세계관을 먼저 알아야 한다. 이 단계를 건너뛰고 곧바로 본론으로 들어가면, 교육에 관한 대화는 모두

공중에 떠 있는 말들에 불과하다. 그래서 학교가 어떠하다고 말하기 전에, 내가 어떤 사람인지 밝히는 게 우선이다. 내가 살아온 과정을 돌아보고, 내가 어떤 위치에서 어떻게 세계를 바라보는지를 밝혀야 한다. 지금의 나를 알기 위해 교사로 산 8년여를 돌아봐야 했고, 교직에 들어설 때의 나를 알기 위해 그 이전의 모든 시간을 거슬러 올라가야 했다.

공부 잘하는 애들은 집안이 좋네?

'사회 구조'라는 말이 처음으로 머릿속에 스친 때는 고등학생 시절이었다. '공부는 인간의 두뇌가 하는 활동인데, 집이 잘사는 게 무슨 상관이라도 있나?' 괜히 공부 못하는 이유를 가난한 집안 사정 탓으로 돌리려는 핑곗거리라고 생각했다. 내가 공부하기 힘든 현실이 힘겨운 생계 노동을 하는 부모님 때문이라고 말하고 싶지는 않았다.

애초에 학업이 더디기도 했다. 한글을 못 뗀 채 초등학생이 됐고, 알파벳을 모르고 중학생이 됐으니. 별다른 재주도 없고 진로 고민도 하지 않아서, 그냥 집에서 가까운 인문계 고등학교에 입학했다. 그러니 대학으로 가는 길에 촘촘히 깔린 엄청난 입시 공부량을 뒤따라가기 바빴다. 그런데 나는 그렇다 쳐도, 나처럼 못사는 애들 대부분이 공부를 못하는 건 어떻게 설명하지? 뭔가 내가 설명할 수 없는 어떤 커다란 힘이 가난한 사람들을 공부할 수 없게 하는 건 아닌가 하는 생각이 들었다. 막연하지만 뚜렷이 느낀 '사회 구조'였다.

학업에서 겪은 어려움은 단지 가난 때문은 아니었다. 가난이란 경제 자본의 부족하다는 의미일 뿐 아니라 문화적 취향, 지적인 대화, 동기 부여와 자존감 등의 부재, 곧 '사회 자본'과 '문화 자본'도 없다는 의미였다.* 가난한 나는 사교육 받을 돈이 없어서 공부를 못하기도 했지만, 공부란 그동안 접해본 적 없는 언어, 취향, 사고방식을 배우는 낯선 과정이었다.

대학교 가서는 더 확실해졌다. 공부깨나 한다고 자부하는 이들이 모인 한 대학교. 여기에서 만난 친구들을 보면 강남이나 목동 출신이 4분의 1, 전국 단위 사립고 출신이 4분의 1, 특목고 출신이 4분의 1 정도다. 부모님 직업은 대부분 전문직, 사업가, 교수, 고위 공직자, 또는 '최소한' 교사나 공무원이다. 나 같은 '평민' 출신은 거의 없었다. 내가 경쟁에 살아남은 아주 '공정한 대입 제도'라고 믿었지만, 사실은 이 앞에 괄호가 생략돼 있었다. '동일한 계층 안'에서만 공정한 대입 제도였다. 이 세계에는 눈에 보이지 않지만 확실히 존재하는 구조가 있었다.

---

* 김신일, 《교육사회학》(5판), 교육과학사, 2020, 379~380쪽. 피에르 부르디외와 제임스 콜먼의 견해를 따라 가난과 학력의 관계를 밝혔다.

사회학의 무뚝뚝한 위로

'전철', '알바', '술'. 대학생 시절은 세 단어로 설명할 수 있다. 왕복 통학 시간 2시간 40분, 생계를 위한 아르바이트(아르바이트를 하러 가느라 또 타야 하는 대중교통), 심신 마취를 위한 술. '대학교university'에 다니는 학생이지만 '우주universe'와 삼라만상을 논할 수 없는 팍팍한 삶이었다. 길고 짧게 해본 아르바이트만 20여 개. 성실히 일했고, 스펙은 못 쌓았으며, 당연히 학점도 낮았다. 어느덧 스물일곱 살이 됐고, 교원 임용 시험을 칠 수 있는 조건이 되는 2급 정교사 자격증과 학자금 대출 1500만 원을 짊어지고 대학을 졸업했다.

빈자와 부자가 갈린 세계에서, 빈자인 내 앞에는 세계를 대하는 두 갈래 길이 있었다. 하나는 '모른 척하기'이고, 다른 하나는 '마주하기'다. '모른 척하기'는 '순응하기', '충실하기', 나아가 '신봉하기'하고 묶이고, '마주하기'는 '저항하기', '비틀기', '전복하기'하고 묶인다. 마음속에서는 이 둘 사이의 긴장이 팽팽했지만, 현실에서는 '마주하기'보다는 '모른 척하기'가 더 나은 선택이었다. '세상일은 나랑 무관하다'고 되뇌었다. 빈부 격차로 시작해 꼬리를 물고 이어지는 사회 문제를 마주해도 나는 바꿀 수 없는데, 깊이 생각하고 싶지 않았다.

모른 척했지만 고교 시절에 흐릿하던 '계급 의식'이 갈수록 뚜렷해졌다. 사회 부조리에 무관심하려 했고, 학생운동의 명맥이 희미하게 남은 동아리나 모임은 근처에도 안 갔지만, 점점 '정치 사회화'가 됐다. 'MB는 4대강을 왜 자꾸 삽으로 파려 할까?' 어이없는 궁금증이 황당함으로, 나중에는 분노로 이어졌다. 가끔 촛불 집회에 홀로 가서 군중 사이에 있다가 돌아왔고, 여러 의문이 꼬리에 꼬리를 물면 혼자 화를 냈다가, 이내 제풀에 지쳤다. 그러고는 다시 다짐했다. '아, 내 정신 건강을 위해서, 당장 손아귀에 잡히지 않는 것에는 무관심하자.'

다짐은 소용없었다. 아무리 생각해도 사회와 나는 무관하지 않았다. 무관심하려는 모든 세상일들이 나를 건드렸다. 비싼 등록금, 취업난, 노후 대비 못하고 노년기에 다다른 부모님. 내가 당장 힘겨워하는 벽들은 층층이 쌓인 사회 모순이 가하는 압박이라는 생각이 커졌다. 그때부터 사회 문제를 파헤치는 사회과학 책을 '공격적'으로 읽기 시작했다. 빈자가 겪는 열등감에서 시작된 '지적 열등감'을 공격적 독서로 메우려 했다.

공격적 독서는 사회학을 전공하는 선택으로 이어졌다. 사회학적 상상력은 '이 세계가 어떻게 돌아가고 있으며 사회 안에서 개인의 일생과 역사가 교차되는 조그만 점인 자신에게 어떤 일이 일어나는지를 이해하고자 하려'[*]는 사고 훈련이다. 개개인의 생각과 행동이 무질서하고 우연처럼 보여도 그런 요소들이 모여 한 사회의 관행, 문화, 제도로 드러난다면, 하나의 사회 현상으로

---

[*]　찰스 라이트 밀즈, 강희경·이해찬 옮김, 《사회학적 상상력》, 돌베개, 2004, 19쪽.

볼 수 있다. 그리고 그 현상은 나와 주변 사람들의 생각과 행위를 통해 목격할 수 있다.

사회학은 사회 구조 속에 있는 나를 '객관화'해 바라보게 했고, 계급 열등감에 어떻게 대처해야 할지 모르는 20대 내게 위안이 됐다. 왜 힘든 삶을 살아가야 하는지 묻는 내게 사회학의 시선은, '청춘은 다 그런 거야. 아프면서 크는 거지' 같은 용기를 듬뿍 주는 말보다 더 담백한 위로였다. 사회학은 힘든 삶을 혼자 감내하라 하지 않고, 멀찍이 떨어져, 덤덤하게, 따뜻하게 나를 바라봐주는 듯했다.

사회에 관한 생각을 나누는 '사회 교사'가 되고 싶었다. 전공을 굳이 포기하고, 사회학을 포함한 사회과학을 가르치는 일반사회과 교원 자격증을 받을 수 있는 교육과정을 따로 이수했다. 그리고 '교사'가 됐다. 교원 임용 공부는 우리가 살아가는 세계를 설명하는 온갖 사회과학 이론을 외우는 힘겨운 과정이었지만, 비판적 사회 읽기를 연습하면서 나와 세계는 무관하지 않다는 사실을 마음에 새기는 시간이기도 했다.

소외된 사람들, 느슨한 연대

'소외된 자'는 현실이 괴롭고 현실에서 벗어나고 싶다. 이런 사람은 '변화'를 꿈꾼다. 그 꿈을 실현하기 위해 애쓰는 결연한 힘은 현실의 '비참함'에서 나온다. 비참함은 '타인'이 아니라 '나'의 문제일 때 더 직접적인 감정이다.

나는 단지 '경제적' 약자일 뿐이다. 우리 사회의 (이런 구분 자체가 차별을 지니고 있지만) 주류-비주류를 나누는 경계선에서 나는 거의 주류에 속한다. 남성, 성인이면서 청년, 정규직, 비장애, 고학력, 정상 가족*이자, 서울말 쓰는 정주인定住人이다. 얼마 전에는 학자금 대출도 다 갚았고, 심지어 전세 메뚜기를 끝내고 아파트값이 폭등하기 직전에 집을 사서 주거도 안정됐다. 많은 대출금과 이자를 감당해야 하고 60대 후반 노모가 여전한 생계 알바를 하고 계셔서 마음이 무겁기는 하지만 말이다.

누군가는 성평등 사회에서 남성이 왜 주류로 분류되는지 의문을 품을지도 모른다. 사실은 남성 중심인 기울어진 시소가 이제야 겨우 수평을 향해 조금씩 움직이고 있을 뿐이다. 교사는 왜 다른 직종에 견줘 여성이 압도적으로 많을까? 겉으로 보면 여성이 사회적으로 인정받고 일과 가정의 균형을 맞추는 삶이 가능한 교직에 많다는 사실만으로 한국이 성평등 사회라고 착각하기 쉽다. 이런 현실은 오히려 우리 사회가 아직 역량이 뛰어난 여성들에게 다양하고 좋은 일자리를 충분히 제공하지 못하고 있다는

---

* 김희경, 《이상한 정상가족》, 동아시아, 2017, 10쪽. 정상 가족 이데올로기란 결혼 제도 안에서 부모와 자녀로 구성된 핵가족을 이상적 가족 형태로 여기는 사회적 구조와 문화적 구조, 사고방식을 말한다. 바깥으로는 여기서 벗어난 가족 형태를 '비정상'으로 간주하고 차별하며, 안으로는 가부장적 위계가 가족을 지배한다.

반증이다. 어학, 예술, 학문 등 각 전문 분야에서 뛰어난 재능과 열정을 가진 많은 여성이 유리 천장에 막혀 교직을 택하는 모습을 가까이 본다.

교사가 '워라벨'이 가능한 직업이라는 말도 가부장제 남성의 시각을 깔고 있다. 여성 교사에게 워라벨이란 일과 여가의 균형이 아니라 일과 가사 노동의 이중고일 뿐이기 때문이다. 갈수록 경제 위기와 취업난이 심해지면서 나눠 가질 밥그릇도 작아진 각박한 세상에서, 남성은 불평등한 경제 구조가 아니라 그전까지 소외되고 차별받은 여성에게 화살을 돌린다. 성평등한 사회는 아직 멀었다.

아무튼 20대의 나는 내가 주류인 영역에서 그렇지 않은 사람들을 향해 차별과 공격의 언어를 마구 썼다. 남성이 역차별을 당하는 상황 논리에 쉽게 고개를 끄덕이고, 내게 유리한 온갖 잣대로 나와 상대를 비교해서 은근히 우열을 나누고 싶었다. 그때 쏟아낸 많은 막말은 지금 돌아보면 (지적 열등감에서 시작한 공격적 독서처럼) 계급 열등감의 왜곡된 표출이었다. 빈자가 겪는 자격지심이 상대를 짓밟고 오르려는 공격성으로 드러났다(지금은 반성하는 의미에서 말하기를 더 조심하려 노력한다. 요즘 알게 된 사람들은 내가 원래 온순한 줄 착각하고, 오랜만에 만나는 사람들은 '착한' 모습에 당황해한다).

지금의 사회 구조가 '평형' 상태가 있다고 해서 '형평'에 맞는다고 할 수는 없기 때문에, 사회학은 그 사회의 부조리, 차별, 소외에 관심을 둔다. 사회 구조에 관심을 돌리면서 나는 자연스럽게 우리 사회에서 소외받는 사람들의 이야기를 접하고 귀기울이게 됐다. 경제적 약자로서 소외받은 경험을 다른 영역으로 확장하는 과정이었다. 청소년 인권운동가, 이주민 가정, 비정규직, 성소수자, 페미니스트 등 우리 사회의 소수자 또는 약자가 겪는 아픔을 간접적으로 경험했다.

사회의 지배적 관습과 편견이 하나의 기질이 돼 내 몸에 30년 넘게 자리를 잡고 있어서, 처음에는 이런 사람들의 고민을 잘 받아들이지 못한다. 차츰 알아가면서 공감한다. 내게 없는 '소수자성'에 관련된 문제가 벌어질 때, 내가 적극적으로 행동으로 나서기는 어렵다. 그렇지만 내가 서 있는 곳에서 이 사람들하고 손잡는 방법을 찾는다. 느슨한 연대를 한다.

'자족적 개인주의자'의 돌고 도는 굴레

'자유'라는 추상어는 누구에게나 긍정의 단어다. 그만큼 많이 쓰이면서도 모호한 의미를 지닌 단어는 없다. 여기에서는 경제학의 '자유(방임)주의'나, 정치학에서 당파적 용어로 쓰이는 '자유주의(리버럴리즘)'도 아니다. 여기서 말하려는 자유는 개인에게 한정된 '좁은 의미의 자유'다. 내가 말하는 자유란 '개인이 생각하고 행동할 때, 주변 사람과 환경의 직접적인 강제가 없는 상태'다.

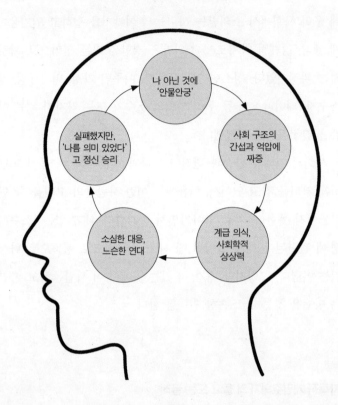

나는 삶에서 여러 선택을 할 때 내가 속한 집단이나 사람 때
문에 직접적인 억압을 받은 적이 별로 없다. 물론 원하는 걸 다
할 수 있는 경제적 조건이 안 돼서 부자유한데다가 권위주의 문
화의 잔재가 여전한 학창 시절을 보냈지만, 최소한 인생의 경로
를 만들어가는 과정에서 주변 사람들이 내 생각과 행동을 직접
억압하지는 않았다.

집에서도 삼시 세끼 맛나게 먹고 건강하게 잘 자라라는 말 말고는 뭘 하라거나 뭐가 되라고 하는 잔소리를 들은 적이 없다. '다 너를 위한 거야'를 가장해서 자기 욕망을 상대방에 투영하는 언어인 '너를 위한 폭력'*이 없이 자랐다. 우연인지 필연인지, 학창 시절 이후에 내가 속한 여러 집단은 권위주의 문화가 깊게 배지 않은 곳들이었다. 게다가 권위주의적 강압을 속성으로 배우는 '군대'를 안 가는 행운까지 따랐다(시력 차가 크다고 생각만 했지, 한쪽 눈의 난시가 그렇게 심한 줄은 몰랐다). 흔히 사람들은 군대 갔다 오니 철 들었다고 칭찬하지만, 집단의 강제에 순응하는 인간형이 됐다는 의미일 뿐이다. 이런 시기들을 거치면서 나는 '좁은 의미의 자유인'에 더 가까워졌다.

'좁은 의미의 자유인'은 '자족적 개인주의'하고도 친하다. 내 생각과 행동에 제약을 받지 않는다면, 굳이 공공의 일에 적극적으로 나설 필요가 없다. '끈끈한 공동체 의식', '투철한 사명감', '강한 소속감'도 때로는 재미있지만, 재미를 넘는 정도로 마음 쓰고 싶지는 않다. 이런 성향은 때때로 내가 관심을 두는 사회 정의나 연대 같은 공공선을 위한 행동에 그리 어울리지 않는다. 그래서 나는 세계에 대응하는 생각의 굴레를 반복한다.

'사회학적 상상력', '계급 의식과 느슨한 연대', '자족적 개인주의'. 이 세 가지가 내가 서 있는 위치다. 나는 여기에 서서 세계를

---

* 권석천, 《사람에 대한 예의》, 어크로스, 2020, 50쪽.

바라보고, 세계에 대응한다. 자족적인 일상을 방해하는 무엇을 없앨 수 있다면 일단 뭐든 해본다. 그렇다고 되게 성실하고 열심히 하지도 않지만, 새로운 시도를 하는 게 두려울 이유도 없다.

이 굴레를 반복하면서 교사로 8년을 보냈다. 이런저런 시도에서 성공한 경험이 쌓여서 그랬는지, 실패하더라도 시도하는 과정 속에서 세상을 대하는 태도가 달라져서 그랬는지 몰라도, 그때의 나와 지금의 나는 많이 달라졌다.

2장

학교, 오묘한 흑색 입체 도형

학교가 그립지는 않았어요?

"여러분, 오랜만에 학교 오니까 어때요? 둘 중 하나를 고른다면? 학교가 오고 싶어졌다? 여전히 학교가 오기 싫었다?"

2020년 6월 1일. 코로나19 팬데믹으로 두 달 넘게 미룬 첫 등교 개학 날이었다. 오랜만에 아이들을 만났다. 예정보다 늦어진 교과 진도를 부지런히 나가야 하지만, 만나자마자 마스크 쓴 눈만 끔벅일 텐데, 이런 엄한 분위기에서 혼자만 말하기 싫었다. 그래서 첫 시간은 등나무 밑 벤치에 모이자고 했다. 세 달 동안 어떻게 지냈는지 궁금했다. 원격 수업은 들을 만했는지, 생활 리듬은 어땠는지, 이런저런 질문을 던진다.

마스크 너머 아이들의 표정이 어떨지 감이 안 온다. 그리고 보니 학급 친구들 사이에도 3월 첫 주의 어색함이 있지. 그래도 '몸

등교 연기, 원격 수업 기간에 어찌 지냈어요?

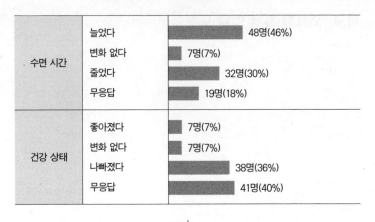

수면 시간	늘었다	48명(46%)
	변화 없다	7명(7%)
	줄었다	32명(30%)
	무응답	19명(18%)
건강 상태	좋아졌다	7명(7%)
	변화 없다	7명(7%)
	나빠졌다	38명(36%)
	무응답	41명(40%)

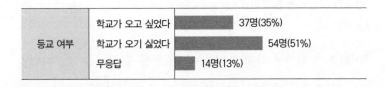

등교 여부	학교가 오고 싶었다	37명(35%)
	학교가 오기 싫었다	54명(51%)
	무응답	14명(13%)

무게가 늘었다'거나 '게임 폐인이 됐다'거나, '오히려 여유가 생겨 좋았다'는 이야기들이 오갔고, 이제 마지막 질문을 한다. 겨울 방학부터 세어보면 거의 넉 달 만에 등교한 건데, 오랜 기간 떨어져 지낸 지금 학교에 관한 생각은 어떨까? "학교가 오고 싶었다? 아니면, 여전히 학교가 오기 싫었다?" 내심 다들 학교를 그리워했겠지 기대하면서 질문을 한다.

아니었다. 3학년 105명 중에 51퍼센트는 여전히 학교에 오기 싫었단다. 학교가 오고 싶은 이유도 '과제와 출석이 더 빡빡한 원격 수업이 더 싫어서' 정도. 학교가 '그냥 좋아서'는 105명 중에 2명이었다. 학교가 그렇게 별로인가. 그래도 우리 학교는 꽤 아이들이 숨쉬고 발산할 수 있는 곳이라고, 적어도 덜 억압하는 학교라고 생각했는데……. 학교는 존재 이유가 있으리라는 기대가 깨졌다. 학교는 꼭 있어야 할까.

온갖 색을 덧칠해 흑색이 되어버린 학교

재난 상황에서도 학교는 멈출 수가 없다. 학력 격차 심화, 생활 리듬의 붕괴, 가정 폭력 위험의 증가, 사회화 과정의 건너뛰기 등 학교가 방역의 최전선이 돼서 하루라도 빨리 등교해야 하는 이유들이 쏟아진다. 재난 상황에서 학교 운영 방안은 아주 간단할 수 있다. 학교의 배움과 돌봄이 꼭 필요한 가정의 학생들이 등교를 요청하면, 학교는 방역과 교육이 가능한 상황을 파악한 뒤 자체적인 등교 방안을 마련해 운영하면 된다.

그런데 문제가 있다. 전국의 모든 학교는 국가 교육과정상에 명시된 수업 일수와 수업 시수를 지키라는 지침에 따라 학사 일정이 일률적으로 강행돼야 하기 때문이다. 공교육 12년의 종착점인 대학 입시에 이르는 '입시 경쟁 톱니바퀴'가 멈추면 안 된다는 슬프지만 명확한 이유 때문이다. 일정한 수업 일수와 교과 진도를 채워야 진급과 진학의 조건이 갖춰진다. 그래서 방역 지침이 더해진 생활 규율 속에서, 서로 대화하지 말고 인간적인 친밀함은 접어둬야 하지만, 각종 수행 평가와 시험을 위한 교과 진도 빼기는 계속돼야 한다. 전염병 차단을 위해 마스크를 쓰지만, 원래부터 이비에스EBS 문제 풀이반 고3 교실에서는 입을 열 필요가 없을 거다. 심지어 사람 사이의 접촉을 최소화하는 원격 수업 기간인데도 생활기록부에 수시 전형 지원용 스펙으로 올라가는 자율 동아리가 운영되는 기적까지 일어난다.

학교는 지식을 습득하는 효과적인 곳이 아니다. 손가락만 까딱하면 스마트폰으로 세상의 온갖 정보를 쉽게 접할 수 있다. 입시 경쟁 교육에 맞게 많은 양의 지식을 짧은 시간에 전수하는 기능은 학원이 더 잘 수행한다. 그런 기능이 입시 학원 일타 강사의 유일한 목적이기 때문이다. 다른 한편으로 학교는 유일한 '사회화 기관'도 아니다. 가족, 마을, 동아리(동호회) 등 학교보다 더 역사가 오래되거나 좀더 긴밀한 대인 관계를 맺을 수 있는 여러 사회화 기관이 있다. 나름 '교육'을 한다는 목적 아래 만들어진 기관인데, 사람 사이의 만남에서 자연스럽게 일어나는 사회화 기능을 내세워 학교를 꼭 가야 한다고 말하기도 궁색하다. 특히 초등학교, 중학교, 고등학교로 학교급이 올라갈수록 그렇다.

인정하고 싶지 않지만, 지금 학교가 하는 기능은 '돌봄'과 '성원권 부여'가 전부 아닐까. 핵가족 단위 가정에서 맞벌이가 전형적이 된 탓에 뭘 배우기보다는 아이를 몇 시간 '맡길 곳'이 필요하다(돌봄). 그리고 대한민국 사람이 되는 '정상인'에 속하려면 좋든 싫든 '다녀야 하는' 학교는 '초-중-고-대' 순서에 따라 상급 학교로 나아가는 권한을 독점해 부여하는 기관이다(성원권 부여). 부르디외에 따르면 '통과 의례'란 '의례를 통과한 집단'과 '아직 통과하지 못한 집단'을 나누는 게 아니라, '의례를 거치는 집단'과 '의례를 거치지 않는 집단'을 갈라놓는다.* 학교라는 '통과 의례'를 거치지 않고 학교 밖으로 뛰쳐나간 사람이 겪는 어려움은 단지 다른 삶의 경로를 택한 책임이라고 넘기기에는 너무 척박하다. 반대로 한국에 '학교 이탈자'가 거의 없다는 사실은 다들 학교를 좋아한 덕분이라기보다는 학교 '밖'의 사회가 한 아이의 성장을 돌볼 수 없을 정도로 부실하다는 현실을 반증한다.

이런 모습들을 보면서 나는 근본적으로 '학교란 어떤 곳인가'를 다시 생각하게 된다. 전세계를 휩쓰는 전염병이 잦아들지 않는 상황에서 학교는 방역의 최일선이라는 소임까지 도맡으면서 모두 꼭 가야만 하는 곳인가? 코로나19가 끝나면 이전처럼 매일같이 학교 가는 모습으로 돌아가야 하는가?

멀찍이 떨어져 학교를 다시 바라보자. 학교는 대체 왜 가야 하는가? 왜 우리는 모두 거의 12년 동안 학교를 다니는가? 사각 건물 위에 깃발 휘날리는 '흑백 평면 도형의 학교.' 밋밋하고 딱딱한 이미지다. 그런데 학교의 '내부자'가 돼보니, 원래 흑백이 아니라 여러 색이 겹겹이 칠해진 흑색이었다. 학교는 아주 '다채롭

* 김현경, 《사람, 장소, 환대》, 문학과지성사, 2015, 34쪽.

고 오묘한 흑색'이었다.

나는 입체 도형의 이미지를 떠올렸다. 입체 도형의 한 면이 물체의 한 가지 특징이라 하면, 학교 도형은 이십면체도 모자라다. 그중에서 앞으로 문제로 삼으면서도 새롭게 해석하려는 학교의 두 가지 특징이 있다. 바로 '관계자 외 출입 금지 불가능', 그리고 '구조 모순을 담은 몸'으로서 학교다.

'관계자 외 출입 금지'는 불가능

학교는 세상의 축소판이다. 관계, 심리, 예술, 제도, 법, 기술, 과학, 문화, 폭력 등 인간사의 모든 일이 학교에서 일어난다. 인간 대 인간의 가벼운 마주침부터 아주 깊은 철학적 논쟁까지, 개인의 행위부터 사회 구조적 차원의 문제까지. 벌어지는 일들의 성격과 범위가 다양하다.

이 모든 일이 날것으로 드러나는 공간이 학교다. 여기에 학교 분포의 다양성이 더해진다. 빌딩과 아파트 사이에도, 한적한 산골짜기에도 학교가 있다. 그 안에서 오가는 대화는 아주 다르지만 말이다.

학교는 누구에게나 익숙하다. 대부분이 초중고 12년, 길게는 16년 넘게 학교를 일상 공간으로 삼는다. 장기간 동안 개인 생애의 중요한 시기를 직접 경험하는 공간이다. 그래서 아무나 붙잡

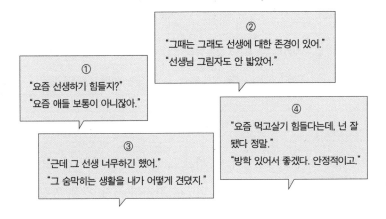

각자의 경험과 기억에 기대어 말하는 학교

①
"요즘 선생하기 힘들지?"
"요즘 애들 보통이 아니잖아."

②
"그때는 그래도 선생에 대한 존경이 있어."
"선생님 그림자도 안 밟았어."

③
"근데 그 선생 너무하긴 했어."
"그 숨막히는 생활을 내가 어떻게 견뎠지."

④
"요즘 먹고살기 힘들다는데, 넌 잘됐다 정말."
"방학 있어서 좋겠다. 안정적이고."

고 '학교', '수업', '교사'에 관해 물으면 누구나 자기 생각을 바로 얹을 수 있다.

학교 밖 사람들을 만나서 대화를 풀어갈 때 우리는 각자 지닌 '학교'에 관한 기억으로 운을 뗀다. 대화는 보통 네 단계를 거친다. 이어지는 대화에는 자기만의 '학교'에 관한 구체적이고 복합적인 감정이 묻어난다. 자세히 뜯어보면 '과거'와 '현재', '부정'과 '긍정'이 교차한다.

모두 학교에 관한 자기 기억에 기대어 학교를 말한다. 그렇지만 학교에 관한 경험과 기억은 각자 다르다. 그리고 단지 기억 속에서 학교를 보는 게 아니라, 학교를 떠난 뒤에도 각자 살면서 만들어온 세계관을 투영해 학교를 바라본다. 지금 학교에서 어떤 '사건'이 벌어지면, 바로 자기만의 관점을 내보일 수 있다.

	과거	현재
긍정	자기가 지닌 학창 시절의 향수	기특하고, 부럽고, 질투 나고
부정	폭력과 억압의 시절을 향한 분개	요즘 아이들과 세태를 한탄

각자 기억하는 위치가 다 다르고, 삶의 궤적은 더 다르기 때문에, 여러 관점이 부딪친다. 더구나 각자의 처지, 관점, 연령, 직책, 관심도, 이해관계가 다양한 학생, 학부모, 교사, 관리자, 행정가, 지역 사회가 학교로 온다. '사람을 키운다'는 모토를 중심으로 모두 발을 걸친 상태다.

좀더 과장하면, 전 국민이 학교에 관계된 자였거나, 관계된 자이거나, 관계될 예정이다. '관계자 외 출입 금지'가 불가능하다. 학교에서 벌어지는 일을 둘러싸고 엇갈리는 상황 인식과 시각, 각양각색의 대응이 포개지고 꼬이면서 여러 갈래로 나뉜다. 사공이 많고, 그러니 산으로 가기도 한다. 아니, 자주 산으로 가며, 숲 속의 학교라는 배도 전혀 어색하지 않다.

밑바닥에 흐르는 찜찜한 뭔가

학교에서 교사는 기대되는 역할 행동을 매일매일 수행한다. 그런데 단순하고 동일한 사건들이 반복되지는 않는다. 겉으로는 비슷해 보이지만, 이면에는 복잡한 문제들이 두텁게 쌓여 있다. 그리고 문제의 이면 깊은 곳에 교사의 행위를 꼬이게 하는 본질이 숨어 있다. 그곳에서 나는 학교에서 발생하는 문제들에 잠재한 사회 모순을 만난다.

중3 담임이 학생하고 상담하면서 고입 원서를 쓰는 업무는 단순한 행정 절차가 아니다. 학생에게 세상에는 다양한 진로와 직업군이 있으니 네 자아를 찾아 떠나라고 말하지만, 일단 수능은 잘 보고 이름 알려진 대학에 가는 게 어떠냐고 다시 묻는다. 네 개성을 드러내고 끼를 발산하라고 하지만, 속으로는 어디서든 튀면 사람들이 손가락질하지 않을까 걱정한다. 학생이 바라는 대로 특성화고 원서를 써주지만, 나중에 직업 차별 사회에서 혹시나 부당한 처우 때문에 상처받지 않을까 미안하다. 어려운 가정 형편에도 공부를 열심히 하겠다고 다짐하는 학생에게 무한한 용기를 주고 싶지만, 그 길이 얼마나 험난한지 말해줘야 하나 싶다. 진학 서류 밑에 직업 차별, 대학 서열화, 권위주의 문화, 분단 국가 같은 사회 모순이 깔려 있다. 말을 안 하자니 거짓말하는 것 같고 알려주자니 꿈을 꺾는 것 같아서, 미안하다.

세상의 모순이 응집돼 고스란히 학교와 자라나는 아이들에게 스며든다. 사회 모순이 내 입을 통해 이 사회를 더 오래 살아갈, 그리고 더 오래 견뎌야 할 아이들에게 전해진다. 단순하게 접근하다가는 더 꼬여버린다. 진지하게 대하면서 매듭을 하나하나 풀어야 하지만, 시간과 생각에 여유가 없다. 비정규직과 김용균, 세월호 참사, 취업난과 부동산 투기, 소수자 혐오 문화는 학교 밖 이야기가 아니다. 사회 모순과 그 모순 탓에 벌어지는 학교 밖 일들은 교사가 학교 안에서도 마주해야 할 상황이다.

모더니즘의 모순을 담은 몸뚱이

우리는 모더니즘의 정점에 살고 있다. 우리는 '현대modern'에 살면서 동시에 '근대modern'에 살고 있다. 현대 사회가 근대의 '다음' 세계가 아니라 근대의 '연장'이라는 의미다. 300여 년 전 유럽에서 시작돼 전세계로 뻗어 나간 '근대성'이 우리 삶을 규정한다. 우리는 이성, 합리성, 발전, 번영, 성장, 진보, 성공, 신속, 정확, 승리, 적자생존, 측정 가능함 같은 모더니즘 이데올로기의 한복판에 놓여 있다. 모더니즘이 만들어온 물질문명이 너무도 달콤해서 우리는 이 세계에 의심을 품기가 쉽지 않다.

화려한 만큼 모더니즘에 내재한 어둠은 더 짙다. '온라인'은 '감시 사회', '에너지'는 '원전 폭발', '비행기'는 '추락 사고', '풍족한 먹거리'는 '공장식 축산'하고 동전의 양면처럼 같이 간다. 풍요와 진보의 과정에서 발생하는 안타까운 '사고'는 예외가 아니다. '발전'이 '사고'를 없애기는커녕 발전할수록 피해가 더 커진다. 번영할수록 그림자가 짙어진다는 말이다. 모더니즘이라는 시스템 자체가 내재한 문제, 곧 모순이다. 학교도 마찬가지다. 학교에서 벌어지는 일들의 이면에는 모순이 자리잡고 있고, 그 모순의 바탕에 '모더니즘'이라는 동전의 양면이 깔려 있다(그렇다고 모더니즘을 부정하면서 탈이념과 몰가치성을 외치는 포스트모더니즘을 받아들이자니, 세상을 향한 모든 고민을 허무하게 바라보게 될까 봐 이것도 별로 마음에 안 든다).

근대 사회의 중심에서 탄생했으니, 학교가 근대성의 모순을 가진 현실은 어찌 보면 당연하다. 영국 기계제 대공업 단지의 한쪽에 처음 세워진 근대 학교. 학교는 공장에 바로 투입될 근면하고 성실한 노동자를 짧은 시간에 대량으로 찍어내기 위해 만들어졌다. 컨베이어 벨트의 균질적 부품처럼 노동자도 균질해야 했다. 학교의 주임무는 '평균적 인간'의 양성과 관리였다.

그러던 학교가 온갖 시공간을 흡수하고, 지금 '자아실현'과 '민주 시민'을 외치는 학교에 이르렀다. 실시간 쌍방향 소통을 할 수 있는 스마트 기기를 활용하지만, 기기 너머로 내용 지식content knowledge이 일방적으로 전수되고 학습자는 출석 점검을 위해 제한된 시간에 접속해야 한다. 무한한 상상력과 사고의 융합을 외치면서, 생각을 다질 에너지를 갉아먹을 정도의 내용 지식을 암기하게 하고 오지선다형 시험으로 측정한다. 이런 모습은 학교에 겹겹이 쌓인 모순의 한 단면이다.

시대와 사람이 엇박자로 가고, 어떤 문제가 터지면 땜질 처방만 반복된다. 학교는 모더니즘이 지닌 구조적 모순을 차곡차곡

담고 있다. 그런 모순을 매일같이 마주하는 교사의 머릿속이 복
잡하고 힘든 건 당연하다.

태생이 글러 먹은 학교라 하더라도

전근대 사회는 '공公'과 '사私'라는 두 영역만 있었다. 근대 사회가
출현하면서 제3의 영역인 '시민사회'가 등장했다. 인간들이 관계
맺는 새로운 영역인 이 '시민사회'를 어떻게 바라보고 어떤 모습
을 그려갈지를 두고 당대의 학자들은 여러 분석을 내놓았다.

우선 시민사회를 곧 '자유로운 경제 활동 영역'으로 보는 시각
이 있었다. 이런 시각으로 보면 시민사회란 국가와 종교가 가하
는 어떤 제약도 거부하고 자유로운 개인들의 경제 행위가 일어
나는 곳이었다.

한편 게오르크 빌헬름 프리드리히 헤겔G. W. F. Hegel은 시민사회
를 국가라는 이상적인 공동체로 가는 과정에서 나타나는 '사적
이고 특수한 경쟁을 하는 중간단계'로 봤다. 자본주의 체제를 전
복하려 한 카를 마르크스Karl Marx는 시민사회가 경제적 토대에 연
관된 생산 수단의 소유 여부에 따라 '자본가-노동자'라는 대립
구도가 드러나는 곳으로 봤다.*

---

* 비판사회학회 엮음, 《사회학 ─ 비판적 사회 읽기》(제2판), 한울아카데미, 2014, 45~48쪽.

시민사회란 자본가의 시각에서는 시장의 작동과 경제 성장을 위해 노동자를 효과적으로 양성하는 곳이었고, '국가주의' 시각 (헤겔)에서는 국가의 이념과 운영 원리를 학습하는 공간이었으며, '사회주의' 시각(마르크스)에서는 자본주의 체제의 이데올로기가 전파되는 공간이었다. 자본가든 헤겔이든 마르크스든, 근대 초기에 논의된 시민사회론은 모두 이 영역이 가진 힘을 높게 보지 않는다는 말이다.

시민사회 안에 '학교'가 있다. 학교는 태생 자체가 '능동', '자율', '평등', '민주주의'가 아니라 '수동', '타율', '차별', '권위주의'의 공간이었다. 태생이 글러 먹은 학교에서 변화를 꿈꾸는 건 가능할까. 구조 모순을 담은 학교가 자율과 능동의 새로운 시민사회 속의 한 점이 되는 시간을 상상할 수 있을까.

2부

학교를 휘감은 넝쿨

모더니즘의 모순들은 학교에서 어떤 모습으로 드러날까. 학교를 휘감은 3가지 구조 모순, 곧 권위주의, 능력주의, 관료제를 다룬다. 여기서는 하나씩 나눠서 보지만, 현실에서는 한 문제에 이 셋이 모두 얽혀 있다.

첫째, '권위'하고는 거리가 먼 '권위주의'. 한국에 제도적 민주주의가 자리잡은 지 수십 년이 흘렀지만, 일상의 민주주의는 여전히 멀다. 학교에 기생하는 권위주의 문화를 살핀다. 둘째, 능력주의. 경쟁 사회의 처절함이 학교에서 노골적으로 드러나지는 않지만, 생존을 위한 끝없는 경쟁은 평범한 삶의 모습이 됐다. 경쟁하는 삶을 살아오면서 각자의 마음속에 자리잡은 '능력주의'가 어떻게 학교를 괴롭히는지 바라본다. 셋째, 국가 관료제. 거대 조직을 아주 효율적으로 운영하는 관료제가 어떻게 교사의 자율성과 자존감을 낮추는지 들여다본다.

3장
권위가 없으니 권위주의라도

내 수업이 아주 난장판은 아니지만

"애들이 사회 시간에 제일 시끄러워요." 해마다 꾸준하게 학생들에게 듣는 말이다. 수업을 진행하는 큰 흐름을 심하게 방해할 정도가 아니면, 적당한 '딴짓'은 괜찮다. 학생들이 잘 따라줘도 수업 자체가 어렵기 마련이고, 학생들이 떠들면 더 힘이 들지만, 그렇다고 화날 정도는 아니다. 성질 못 내는 성격도 아니고 학생들에게 '마냥 착한 선생님'이라는 이미지를 얻는 데에도 별 관심이 없는데, 게다가 학생들을 확 휘어잡는 카리스마가 있는 교사가 유능하다고 칭찬받는 묘한 문화도 무시하지 못하는데, 그런데 나는 왜 그럴까?

학교가 갖는 권위에 의심이 갈 때가 많기 때문이다. 모든 아이들을 집에서 불러내어, 이 학교 공간에 모아놓고, 이렇게 하고 저렇게 하라고 강제할 수 있는 권위는 어디에서 나올까. 학교가 얼마나 위대하고 신성한 공간이길래 아이들은 이곳에 연간 200일 가까이 와야 하고, 여기서 정한 각종 규율을 따라야 하는가? 특히 한 학기에 10개가 넘은 과목을 이수해야 하는 수업에서, 왜 모든 학생이 이 많은 양의 지식과 역량을 일정 수준 이상으로 수행해야 하는가? 여기에 있는 것만으로 힘들 텐데, 조용히 하라고, 집중하라고 내 입으로 더 얹고 싶지가 않다. 학교에 나와서 온종일 정해진 일정을 잘 따르는 게 신기하고 고맙다.

나는 왜 학교의 권위를 의심할까? 12년에 걸친 내 학창 시절에 관련된 그다지 좋지 않은 기억이 영향을 준 게 분명하다. 학생들이 대부분 그렇듯, 나에게도 학교는 '다녀야 하는 곳'이었다. 내게 학교는 그냥 간 초등학교, 친구들하고 종일 놀 수 있어서 간 중학교, 대학 입시 경쟁에서 살아남으려 홀로 싸운 고등학교였다. 학교가 좋아서 가지는 않았다.

학교는 진작 붕괴돼야 했다

1990년대 말 '학교붕괴론'이 교육계의 화두였다. 그때는 이 용어를 몰랐지만, 학교가 곧 붕괴하겠다는 생각이 든 건 맞다. 내가 학교를 붕괴시키는 중학생들 중 하나였으니까.

20세기 말의 세상은 빠르게 변하고 있었다. 급속한 경제 발전이 가져다준 풍요와 자유에 더해 사회적 참사도 마구 일어났다. 정치적 민주주의가 자리잡기 시작한 1987년 이후, 우리 사회는 전에 없는 자유롭고 역동적인 분위기를 누렸다. 그리고 물질적 풍요와 세계화도 찾아왔다. 한편으로는 삼풍백화점과 성수대교가 무너졌다. 이전에 견줄 수 없는 혼란의 시대를 맞이했다. 일단 덮어버리거나 윽박지르고 짓누르면 숨겨지던 사회 문제들이, 이제 그런 수단을 동원해도 잠잠해지지 않았다. 폭력으로 제압할 수 없는 시대가 왔고, 이런 변화는 학교에서도 벌어졌다. 어리다는 건 그만큼 기성세대의 문화를 덜 체화했다는 뜻이었고, 자유와 혼란이 뒤섞인 분위기는 직설적인 말과 행동으로 드러났다.

학교는 여전히 군사 독재 정권 시절의 위압적인 방식으로 학생을 대했다. 학교는 수십 년 동안 쓰던 폭력만으로 우리를 짓눌렀다. 교사가 휘두르는 폭력은 일상이었다. 지각해서, 떠들어서, 실내에서 운동화 신어서, 심지어 표정이 안 좋아서, 손으로, 교편으로, 야구 방망이로, 하키 채로, 여기저기를 맞았다. 가위로 머리를 싹둑 잘리고, 그래도 정신 못 차리는 애들을 모아 얼차려를 줬다. 초중고 시절의 내 얘기다. 유별난 말썽쟁이는 아닌 내가 이렇게 많이 맞고 기합받은 걸 보면, 폭력이 난무하던 시절이었다.

가장 기억에 남는 폭력이 있다. 고등학교에 입학한 해 3월 중순이었다. 수업 시간에 눈치 없이 떠들었나 보다. 수학 선생님이 앞으로 나오라고 하더니 귀싸대기를 올려붙였다. 20단 콤보로 뺨 때리기와 발차기가 이어졌고, 교실 뒤편까지 밀려났다. 아프고, 당황하고, 창피했다. 9년 뒤, 모교에서 교생 실습을 하게 됐고, 교직원 식당에서 그 선생님을 우연히 만나 점심을 같이했다. 식당을 나오면서 9년 전 일을 물어보니 전혀 기억을 못 하셨다. 한 사람에게는 트라우마에 가까운 사건이 누군가에게는 사소한 일이라는 사실에 놀랐지만, 자기도 의식하지 못한 연례행사 아니었을까 싶었다. 학기초에 튀는 놈 몇 골라서 냅다 두들겨 패면 그해 내내 평온한 수업을 할 수 있다는 자기만의 '루틴' 말이다.

보고 배운 게 폭력인 탓일까. 나도 교사가 된 뒤 '사랑의 매'하고는 거리가 멀고 절제된 체벌보다는 폭력에 더 가까운 물리력을 행사한 적이 있다. 규율을 정하고 여기에 어긋나면 체벌을 하는 일상적인 행동은 아니었다. 내가 감당할 수 없는 모욕감을 느꼈다고 판단한 때, 1년에 한두 번씩 선을 넘는 '남학생'에게 그렇게 했다. 두 가지 아주 주관적인 판단으로 내 행동을 정당화했다. '남자는 맞으면서 커도 돼'와 '넌 내게 모욕감을 줬어'다. 빈도나 강도만 다르지, 그 시절의 폭력 교사하고 하나도 다를 게 없다. 폭력의 대물림이다.

때리고 바로 후회한다. 예나 지금이나 교사의 폭력이 공적인 자리에서 이야기되고 사과하는 절차는 없다. 혼자 씩씩거리다가, 숨을 고르며 마음을 가라앉히고, 맞은 학생에게 찾아가서 정말 미안하다고 말한다. 상처를 받은 학생들이 치유되겠냐마는, 다시 반성하고 사과한다.

아무튼 그때의 폭력 교사들도 '이제 아무리 때려도 학생들을 내 마음대로 할 수 없다'는 현실을 느꼈을 듯하다. 학생들이 일으키는 사건과 사고, 반항 또는 '개무시'는 계속되고, 체벌과 강압 말고 다른 방법은 안 떠오르고, 이제 진짜 학교가 붕괴한다고 생각했을 듯하다(이 시기는 억압과 통제가 아니라 자아실현과 민주성을 추구하는 혁신학교가 경기도에서 처음 출현한 때이기도 하다. 혁신학교는 위기 상황에서 나타났다).

특히 '사립+남자+인문계' 고등학교에서 보낸 3년은 참 이상했다. '권위주의 문화'와 '입시 경쟁'이라는 두 폭력이 만나는 곳이었다. 규율에서 벗어나는 아이, 튀는 놈은 공개적으로 망신당하거나 구타에 가까운 폭력을 겪었다. 그리고 우리는 대학 갈 애, 대학 못 갈 애, '인서울' 할 애, '인서울' 못 할 애로 구분됐다. 여기서도 이런 물리적이면서 구조적인 폭력을 없애려 분투한 몇몇 선생님이 계시기는 했다. 이분들이 준 영향 덕분에 나는 '교사'가 되고 싶다는 바람과 단지 먹고사는 수단을 넘어 '괜찮은 교사'가 되고 싶다는 꿈, 이 두 막연한 생각을 품게 된 게 분명하다.

물리적 폭력이 아니더라도, 고등학교는 대체 왜 다니나 싶었다. 그래도 3년 동안 한 학교에 다니는 친구들인데 정서적 유대가 거의 없어서 더 슬펐다. 중학교 때 공부 잘한다는 애들은 다 특목고나 신도시로 갔고, 여기에는 그냥저냥 대학을 가려는 소수의 학생들과 고등학교 졸업장만 필요한 다수가 남았다. 그렇지만 학교와 교실이라는 한 공간에 동시에 있을 뿐, 각자의 세상 속에 따로 살았다.

나도 나쁠 건 없었다. 이왕 시작한 공부였다. 대학을 가려면 엄청난 시간을 책상에 앉아 있어야 한다는 사실을 알게 된 만큼, 친구를 사귈 시간도 마음의 여유도 없었다. 학교에 오면 공부를 하든 엎드려 잠을 자든 각자 시간을 때우다가 하교했다. 어차피 줄 세우기 상대 평가이고, 내신 점수를 따려는 몇몇 아이들만 경쟁하면 되지, 굳이 서로 감정을 나눌 이유가 없었다. 얌전히 눈에 띄지 않게 내 공부만 성의껏 하면 선생님들도 나를 건드리지 않았다. 그렇지만 이럴 바에는 차라리 학교가 붕괴해버리는 게 낫다는 생각은 커졌다.

저는 군기 잡는 사람이 아니에요

"선생님, 담임으로서 우리 반 '군기軍氣' 좀 잡아주세요."

학생들이 담임 교사인 내게 자주 하는 요청이다. 나는 되묻는다. "학교가 군대도 아니고, 우리가 군인도 아닌데, 왜 군기를 잡으라 하냐?" 그러면서 이런 생각이 스친다. '아직 학교에 권위주의 문화가 짙게 배어 있는 거 아닐까?' 군대식 상명하복은 여전히 학교에서 일상적으로 발견된다. 학생들 생각을 배제한 규율을 만들고, 일단 만든 규율을 어기면 벌한다. 시험 시간에 부정을 저지르는지 감독한다.

이런 감시는 차라리 직설적이다. 더 깊은 문제는 학교라는 곳

자체가 학생이 자기 자신을 검열하는 '보이지 않는' 감시와 규율 기능을 수행한다는 점이다. 미셸 푸코Michel Foucault는 제러미 벤담 Jeremy Bentham의 '파놉티콘Panopticon'을 철학적 의미로 확장하면서, 학교 같은 공공시설이 수행하는 '구조적 감시'를 통찰했다.* 파 놉티콘은 벤담이 1791년에 제안한 교도소의 한 형태다. 이 교도 소에서 중심에 위치한 감시자들은 외곽에 위치한 죄수들을 감시 할 수 있지만, 감시자들이 위치한 중심은 어두워서 죄수들은 감 시자들의 존재를 확인하기 어렵다. 파놉티콘 감옥에 갇힌 죄수 들은 감시자가 있든 없든 감시당한다고 느낀다. 죄수들은 보이 지 않지만 느껴지는 권력의 시선을 '내면화'한다. 푸코는 파놉티 콘의 감시 원리와 현대 사회의 작동 원리가 비슷하다고 주장했 다. 또한 근대 사회에 출현한 (정신) 병원, 공장, 학교 등의 운영 메커니즘이 파놉티콘 감옥의 감시와 규율 메커니즘하고 다를 게 없다고 봤다.

우리는 어느 특정한 감시자를 통해 감시당하지 않고, 파놉티 콘처럼 '감시당하는 듯한 효과'를 통해 자유를 침해받는다. 학생 들은 보이지 않는 감시와 규율을 느끼며, 자기 행동을 스스로 통 제하고 있지는 않을까.

수업 시간과 쉬는 시간의 구분, 강제로 주어지는 학습 내용 을 참고 견디면서 외우기, 주위가 산만하거나 튀는 행동에 가해

* 미셸 푸코, 오생근 옮김,《감시와 처벌》, 나남, 2020, 366~411쪽.

지는 온갖 제재의 말, 생각의 범위를 제한하는 규율이 죄수의 일
과하고 닮아 있다. 좋은 말로 바꾸면 이런 기능을 '사회화 기관
으로서 학교의 구실'이라고 한다. 그러나 아이러니하게도 학교가
한 사람의 시민으로 성장하는 과정을 돕기보다는, 견고한 제도
와 관행이라는 장치를 통해 타율에 따라 움직이는 인간상을 찍
어내고 있는지도 모른다.

학생 이걸 왜 해야 돼요?

교사 다 너를 위한 거야.

이걸 왜 하냐는 학생들의 질문은 학교와 교사의 권위에 도전
하는 말처럼 들린다. 이 질문을 뒤집어 생각해보자. 관행대로 해
온 학교의 일들 중에서 이제는 교육적 의미를 찾기 어려운 강제
에 관해 다시 생각해볼 수 있는 질문이 아닐까? 학생들은 다른
세대, 다른 세상의 사람이다. 그런데 학교는 여전히 과거에 머물
러 있어서 모호하게 '이건 교육적이야!'라고 퉁치며 학생들을 억
압하고 있는 건 아닐까?

이 퉁쳐서 다가오는 강제에 대응해서 학생들은 본능적으로,
그리고 진짜 의문이 들어서 그게 왜 교육인지 물을 수 있다. 교
육에 관한 본질적인 질문일 수 있지만, 교육을 제공하는 자들이
자각하지도 못한 새에, 이 질문들이 학생의 입에서 나온다는 현
실이 안타깝다.

이런 질문을 들으면, 교사는 당황한다. 그리고 궁색한 이유를 생각해내기 전에, 반사적으로 답한다. "다 너를 위해 그러는 거야." 그런데 이런 대답을 내가 반사적으로 하거나 옆에서 들으면 이렇게 들린다. "다 '나'를 위해 그런 거야." 풀어보면 이런 말 같다. "너가 그냥 따라줘야, 그리고 내 통제 범위 안에 있어야 내가 안심이 돼."

교사는 내 손아귀에서 벗어난 학생들의 모습이 예상될 때 불안하다. 특히 학창 시절에 자신은 물론 주변 상황, 그리고 대인 관계까지 자기 의지대로 통제해본 자신감을 지닌 모범생이 교사가 된다. 자기가 학창 시절에 그랬듯이 학생들도 학교에서 하라는 것들에 의문을 갖지 말고 그냥 따라주기를 바란다. 그런데 교사로서 맞닥트린 학생들은 내 통제 범위 안팎을 넘나든다. 살면서 처음 겪는 나를 향한 도전으로 느껴진다. 교사인 나는 이런 상황이 어이없고 당혹스럽다.

체벌하지 않는다고 폭력이 사라진 건 아니니까

권위주의는 견제되지 않는 '폐쇄적 공간'에서 자란다. 학교는 그런 곳이었고, 권력자는 교사였다. 다만 과거에 견줘 물리적 폭력은 줄어들었다. 그렇지만 지금은 언어적이고 심리적인 압박으로 교묘히 변했다. 교사가 하는 말은 학생들에게 권위주의와 위계의 화법으로 다가간다. 학생들은 교사의 선입견, 차별, 위계 관계, 구분 짓기를 느낀다.

학생 4 ○○○ 선생님이 애들에 대한 선입견을 품고 계셔.

학생 12 교무실을 들어오지 말라 해요. …… '우리 학교 애들은 공부를 너무 안 해'부터 시작해서 …… 우리 학교 애들을 너무 부정적으로 보고 있으시니까.

학생 4 약간 이해가 가는 게, 어른들이 약간 그런 생각을 하는 거 같아요.

학생 3 나는 갑이고 너는 을이다. …… 그래서 막 '교권 침해로 신고한다' 그러고. 뭐 하지 말라 그러고. 뭐 좀 하려고 그러면 하지 말라 그러고. 그것 때문에 좀 많이 불편해요. (학생과 교사가) 같은 선이 됐으면 좋겠어요.

학생 12 저는 ○○○ 선생님이 너무 부정적인 생각만 하고 계시는 거 같아요.

학생 20 근데 △△△ 선생님이 저희에게 말씀 안 해주시고 (학교 일에 대한 의사 결정을) 혼자 하신 게 많아서 …… 반대하는 걸 학생들의 생각을 듣지 않고, 그렇게 하셨단 말이에요.

학생 4 다른 동아리가 ○○○ 선생님께 (동아리 활동과 관련된 문제를) 건의한 적 있대요. 근데 ○○○ 선생님이 딱 막아버리시고 듣기 싫다는 식으로 대답도 안 하셔서, 기분 나빴다고 그랬어요.

학생 15 (권위주의적이지 않으면서 민주적 의사소통을 하는 것

이) 불가능하지 않을까요.[*]

교권이 '예전 같지 않다'고들 한다. 예전처럼 교사가 하는 말에 힘이 실리지 않고, 오히려 공격을 당한다. 이런 현상은 교사가 점점 교육자의 위상에서 멀어져 시장에서 교환되는 서비스의 제공자로 취급되고 국가 관료제의 통제도 심해진 세태를 반영한다. 학생들이 교권을 뭉개는 현실은 주원인이 아니다. 구조적 측면의 문제에는 관심을 갖지 않은 채, 우리는 학생의 '대드는 행위' 때문에 교권이 추락한다고 확신한다. 그리고 학생 인권 신장이 교권을 떨어트린다고 단언한다.

권리는 제로섬 게임이 아니다. 교권과 학생 인권은 서로 갉아먹지 않는다. 학생인권조례가 교권을 무너트리지 않는다. 교권의 위기는 학생의 권리 증진 때문이 아니라, 세상의 온갖 딜레마 상황을 개선하지 않은 채 교사 개인의 역량과 책임성, 헌신만 강요하는 제도의 문제에서 비롯된다. 내가 학생에게 느낀 모멸감도 나를 향한 공격이라기보다는 학교의 권위주의에 품은 반감을 하필 나를 상대로 표출한 탓일 수 있다. 그리고 나는 다시 권위주의적 방식으로 문제를 해소했다.

오히려 학생 인권이 존중받을수록 교권도 높아진다. 학생인

---

*   서재민, 〈학생회 활동을 통해 본 민주시민성 함양의 촉진과 저해요인〉, 성공회대학교 교육대학원 석사 학위 논문, 2020.

권조례는 '성역화'돼온 학교의 비교육적 행위를 학생들이 견제할 수 있는 힘이 된다. 학생 인권이 신장될수록 민주 시민 교육 기관으로서 학교가 지닌 위상이 올라가고, 교사의 권위도 높아진다. 그래서 학교는 열린 공간이 돼야 한다. 학교가 학생에게 가하는 '일상'의 폭력이 계속 드러나야 한다. 그런 면에서 몇 년 전 확산된 '스쿨 미투 운동'은 학교에서 벌어지는 일상적 폭력을 '사건'으로 다룬 획기적인 저항 운동이었다.

벌써 세상이 많이 변해서 권위주의가 남은 정도는 학교마다 차이가 난다. 지속적으로 자정 작업을 펼친 학교는 권위주의 문화가 꽤 줄어든 곳도 많을지 모른다. 그렇지만 권위주의는 봉건 왕조-식민 지배-권위주의 독재를 거치며 한국 사회를 반세기 넘게 지배한 문화다. 학교에서 직책 간, 동료 교사 간, 교사와 학생 간, 학생들 간 갈등의 내막을 들여다보면 권위주의적 위계 관계가 여전하다. 특히 '권력'에 결부된 관계에서는 권위주의가 짙게 드리워져 있다. 업무 분담의 차원에서 구분된 직책 차이는 권위를 넘어 권력이 되기도 하고, 그저 먼저 경험하거나 먼저 태어난 사실 자체가 권력이 되는 모습을 목격한다.

자기 색을 드러내지 않는 문화

2020년 2월 14일 금요일. '신학년 집중준비 워크숍'의 마지막 날이자 '전교직원 토론'이 있는 날이다. '신학년 집중준비 워크숍'은 혁신학교에서 한 시도가 정책적으로 확대된 사례인데, 내실 있는 연간 학사 운영을 위해 학교와 학년 목표 세우기, 교과 간 교육과정 재구성 협의 등을 하는 자리다.

혁신학교에서 특히 중요하게 여기는 가치는 절차적 민주성인데, '전교직원회의'는 최고 의사 결정 기구의 위상을 지니며, 중요한 문제를 토론하고 결정한다(8장에서 자세히 다룬다). 워크숍의 토론 주제는 '학교에서 학생의 스마트폰 사용 원칙'이었다. 2시간 30분 동안 격론이 오갔다. 생각은 좁혀지지 않았고, 표결을 통해 다음 같은 결론이 났다.

1. '학교에서 스마트폰 사용을 금지'를 교사회의 입장으로 정한다.
2. 1.에 대해, 학생들이 생각하고 토론하는 공론화를 거쳐 3주체 회의로 최종 결정한다.

토론이 끝나고 그 자리에 함께한 사람들은 심한 '피로감'과 '찜찜함'을 느꼈다. 그 토론에 관해 다시 말을 꺼내기 어려워하는 후유증이 생겼다. 학생들이 학교에서 스마트폰을 사용하는 행위의 유용함과 유해함에 관해 이야기를 나눴는데, 우리는 왜 마음이 상했을까.

단지 스마트폰에 관련된 이야기는 아니었다. 학생들의 생활 습관에 관해 말하면서 인간이 지닌 중독성, 학교와 교사가 하는 구실 같은 자기 관점을 드러냈다. '나의 학생관'을 드러내는 동시에 교사인 '나' 자신을 보여주는 시간이었다. 토론 결과에 상관없이, 나를 드러내면서 적극적인 토론을 한 경험이 '피로감'으로 되돌아왔다.

학교와 교육에 관해 허심탄회하게 자기 생각을 다듬고 말하고 조정하는 자리가 교사들은 왜 어색할까? 이런 경험을 거의 한 적 없어서 자기 생각을 드러내는 시간이 부담스러웠을까? 학교에서 교사들끼리 생각을 나누는 토론 문화는 여태 왜 정착하기 어려웠을까?

권위주의 문화는 학생만 체득하는 악습이 아니다. 학생들보다 더 먼저, 오래전에, 더 오랫동안 권위주의 문화를 체득한 사람이 우리 교사들이다.

'토론이 있는 교직원회의'에서 입을 열지 않는 이유

발령 뒤 첫 교직원회의. 회의란 원래 이렇게 엄숙한가. '왜 아무 말도 안 하지?' 이 엄한 분위기는 하루이틀 만에 만들어지지 않았다. 교직원'회의'는 왜 '회의'답지 못한 걸까?

오죽하면 그때 갓 취임한 교육감의 중점 정책 중 하나가 '토론이 있는 교직원회의'였을까. 토론이 '없'는 교직원회의가 만연하다는 반증이었고, 그래서 이제라도 토론을 해보자는 정책이었다. 그런 정책을 실행한다고 해서 바로 토론이 '있는' 교직원회의가 되기는 어렵다. 학교장 혼자서 훈화 말씀 하고 박수 치고 끝나는 월요 조회는 사라졌지만, 제목만 멋들어지게 바꾼다고 토론이 잘 될 리가 없었다. 두 가지 난관이 있었다.

우선 딱히 생각하고 말을 할 만한 안건이 없었다. '토론討論', 곧 '어떤 문제에 관해 여러 사람이 각각 의견을 말하며 논의'하고 '회의會議', 곧 '모여서 의논'할 필요가 없는 일들이었다. '그냥 교내 메신저나 참고 자료로 전달하면 되는 내용을 갖고 뭘 말하라는 거지?' 어쩌다 고민을 하고 생각을 나눌 만한 안건이 생겨도, 미리 충분하게 정보를 제공하지 않아서 교직원회의는 겉핥기 대화로 그쳤다.

무엇보다도 반복된 경험을 거쳐 학습한 '말의 무력함'이 문제였다. 민주적 의사소통 문화가 제대로 자리잡지 않은 상황에서, 무턱대고 자기 생각을 말하다가 논리적인 반박을 맞닥뜨리기보다는 무작정 무시당하는 경험이 반복되면, 무력감이 생긴다. 이를테면 전체 교직원이 고심해서 토론한 결과를 학교 안에서 여전히 특별한 의사 결정 권한을 지닌 학교장이 마음에 안 든다며 손바닥 뒤집듯 무시해버리는 일이 이어진다면? 교사들은 굳이 치열한 토론을 하고 싶은 마음이 생기지 않는다. 이런 무력감은 '에너지 소모하지 않고 이제 말 안 할래'로 이어지고 만다. 여기에 공적인 일에 무관심한 자세를 취하는 처세를 마치 자랑처럼 말하는 사람도 늘어난다.

'권위'와 '권위주의'는 다른 말이다. 이 둘 사이의 거리는 아주 멀다. 그런데 이 둘은 먼 거리에서 서로 비춘다. 말하자면 권위가 없는 집단은 권위주의 문화가 뚜렷하다. 반대로 권위가 있으면 권위주의가 필요 없다. 학교가 권위를 가지면 좋겠다. 권위가 없으니, 학교에서 자꾸 권위주의가 작동한다.

4장
생존주의 세대, 학교에 가다

승진 점수 잘 챙겨놓으라는 덕담

"이번 방학에 1정 연수 가시죠? 점수 잘 받아두면 좋아요." "가산점이든 뭐든 일단 받아둬요. 나중에 도움이 될지 모르니."

연수 점수와 각종 가산점. 인생 어찌될지 모르니, 뭐든 '보험'으로 권장하는 분위기다. 특별한 노력을 들이라는 말도 아니고, '남에게 해가 되지 않는 거라면 뭐든 챙겨두라'는, '혹시라도 흠이 될 만한 건 남기지 말라'는 덕담이 오고간다. '나를 생각해주시는구나.' 감사한 마음이 들 정도다.

자기 욕망을 드러내고 이 욕망을 무한 확장하는 삶을 당연하게 여기는 세상에서, 교사도 예외가 아니다. 아이들 만나는 일을 업으로 하는 교사도 자기가 다른 교사보다 '더' 훌륭하다는 사실을 증명해 보이고 싶다. 눈앞에 가산점, 성과급, 연구 대회, 포상이 아른거린다. 동료 교사 사이의 '협력'은 학교를 움직이는 실 핏줄이나 다름없지만, 내가 다른 교사보다 더 유능하다는 사실을 공적인 서류로 인정받아야 한다. 그런 증거를 차곡차곡 쌓아 놓아야 승진에 유리한 고지에 올라선다. 하지도 않은 일을 '뽀샵'으로 분칠해서 포상 대회에 제출하는 뻔뻔함까지는 아니더라도, 교육청이나 교육부가 은혜롭게 매년 학교마다 그냥 뿌려주시는 '학교폭력 예방 기여 가산점' 등을 굳이 거부할 필요는 없어 보인다.

미래가 불안하기도 하다. "나이가 들어서도 아이들이랑 소통을 잘할 수 있을까?", "벌써 힘든데, 앞으로 나이가 더 들어서도 지금처럼 수업할 체력이 될까?", "나중에 교장이 되는 친구가 생기면 내가 속으로 되게 부러워하지 않을까?" 등 꼬리에 꼬리를 무는 고민은, '일단 주는 점수는 받아두고 보자'는 결론으로 쉽게 이어진다.

그런 덕담이 없어도 우리는 알아서 잘 챙긴다. 우리는 다른 사람보다 내가 더 잘하고 앞선다는 사실을 언제든 증명해야 하는 과정을 평생에 걸쳐 겪어온 사람들이기 때문이다. 이런 모습은 어떻게 보면 초超경쟁주의 시대를 살아온 교직 초입 세대에게 썩 잘 어울린다.

생존주의 세대의 푸르죽죽한 청춘

세대론을 좋아하지 않는다. 한 사람을 그 사람 자체가 아니라, 그 사람이 속한 집단의 특성을 투영해서 보면 얼마나 기분이 나쁜가. 공통분모가 있다는 이유로 싸잡아 묶어 특징짓는 방식은 사람에게 다가가는 예의가 아니다. 게다가 편견과 차별이 쉽게 일어나고 세대 간 갈등이 폭발하는 지금, '생년'이라는 기준을 내세우기는 더욱 꺼려진다. 그렇지만 나 자신과 우리를 좀더 잘 알아가고 이해하기 위한 분석 도구로서 우리 세대의 특성을 조심스럽게 살펴보자.

1986년생인 나와 요즘 신규 임용되는 선생님들은 거의 10년 차이가 나니까 한 세대로 묶기는 어려울 수 있겠다. 성장 과정에서 누린 하위문화는 약간씩 다르지만, 80년대 중후반생부터 90년대생을 아우르는 공통분모가 있다. 이미 '우리 세대'에 관한 학문적 논의도 진행됐다. '88만원 세대', '밀레니얼 세대', '엠제트MZ 세대' 등 말이다.

그중에서도 나는 '생존주의 세대'라는 명칭이 가장 적절하다고 생각한다. 김홍중*이 제기한 이 명명이 우리 세대를 세밀하고 깊게 통찰한다고 보기 때문이다. 생존주의는 '하나의 '시대정신'

---

* 김홍중, 〈서바이벌, 생존주의, 그리고 청년 세대〉, 《한국사회학》 제49집 제1호, 한국사회학회, 2015, 179~212쪽.

으로 자리잡은 경쟁 상황에서, 20대에서 30대 중반에 이르는 청년들에게 가장 강력한 영향력을 행사하는 마음의 체제(레짐)'다. 생존주의 세대의 특징은 다음 같다.

① 삶의 거의 모든 영역 또는 생애 과정 전체에서 진행되고 있는 경쟁 상황에서 도태되거나 낙오되지 않으려는 나

② 생존 경쟁에서 이겨 그 외부로 초월하는 것이 아니라, 경쟁 상황을 한 번 더 미래로 연장하는 나

③ 경쟁에서의 생존을 위해 자신의 모든 잠재적 역량을 가시적 자원(자본)으로 전환하는 자기 통치의 주체가 되는 나

④ 성공, 치부의 획득을 위한 야심 찬 시도가 아니라, 아래로 추락하지 않는다는 소극적이며 '평범한 안정'을 위해 분투하는 나

⑤ 자아를 포기하는 게 아니라, 오히려 자아의 '진정성'을 사회적 통제에 적극적으로 순응시키는 나

생존주의 세대는 한국 현대사에서 가장 각박한 생존 경쟁을 뚫고 살아남기 위해 청년기를 보냈거나 보내고 있는 세대다. 물질적 조건이 절대적으로 부족한 상태는 아니다. 우리가 느껴온 불만은 '상대적' 박탈감이다. 오히려 우리는 유년 시절에 가장 휘황찬란한 경제 호황기를 보냈다.

급속한 경제 성장에 더해서 '거품 경제'까지 낀 1990년대 초반이 특히 그랬는데, 가난한 우리집도 시내 백화점에 들러서 쇼핑

하고 외식도 하는 시절이었다. 전례 없는 물질적 풍요 속에서 유년 시절을 보낸 우리들은 아이러니하게도 '살아남기' 위해 청년기를 보내게 된다. '성공, 치부의 획득을 위한 야심 찬 시도가 아니라, 아래로 추락하지 않는다는 소극적이며 '평범한 안정'을 위해 분투'(④)한다.

기점은 1997년 국제통화기금IMF 사태였다. 뉴스 앵커가 심각한 얼굴로 전한 '외환 보유고가 바닥'나고, '기업이 부도'나고, '금 모으기 운동이 벌어진' 상황은 이 사태를 전부 설명할 수 없다. 그때부터 어머니는 생계를 위해 본격적으로 '워킹 맘'이 됐고, 나는 저녁밥을 혼자서 차려 먹기 시작했다. 경력 단절 중년 여성에게는 저임금 비정규 노동만 허락됐고, 당연하게도 우리집 살림살이는 별로 나아지지 않았다. 극적인 변화였다. 이런 변화는 아이엠에프 사태가 보통 사람들의 삶에 미치는 영향을 설명할 수 있다. 1인 가장이 경제 활동을 해 4인 가족이 생활 수 있는 시대가 끝나고, 맞벌이 시대가 시작됐다. 실질 임금이 떨어지고, 비정규직이 생겨났다. 취업문이 좁아지고, 실업자가 많아졌다. 그렇게 급속도로 보통 사람들의 삶이 각박해졌다.

아이엠에프 사태는 단지 국가의 곳간에 달러가 부족한 상황이 아니라, 부자와 빈자 사이의 간극을 벌리는 미국식 자본주의를 강제받는 사건이었다.

좀더 구체적으로 살펴보자. 한국은 권위주의 계획 경제를 끝내고 자본주의 시장경제의 틀을 갖추는 때였다. 해방 이후 미국의 원조를 받으면서 '미국식' 자본주의 시장경제가 반세기 넘게 이어졌다는 막연한 생각은 경제사經濟史를 오해한 결과다. 냉전의 경계에 위치한 한반도 남쪽에 강한 영향력을 유지하려는 미국이 제공한 경제 원조 아래, 권위주의 독재 정권은 철저한 '계획 경제 체제'를 이어왔다. 1980년대 후반 이후 신자유주의(레이거니즘, 대처리즘)가 유행하고 현실 사회주의권이 붕괴한 뒤 1990년대 초반에 들어서야 한국 경제에는 처음으로, 그리고 본격적으로 자본주의 시장경제의 운영 원리가 도입되기 시작했다. 세계무역기구WTO(1995)와 경제협력개발기구OECD(1996) 가입은 세계 자본주의 시장경제 합류를 상징하는 사건이었다.

이런 전환기에, 미국이 강한 힘을 행사하는 국제기구에 손을 벌릴 수밖에 없게 만든 아이엠에프 사태는 자본주의의 여러 갈래에서 '착한 자본주의', 아니 '덜 가혹한 자본주의'를 지향하는 '유럽식 자본주의'(사회민주주의, 복지국가론)에 관해서는 이야기조차 꺼내지 못하게 만들었다. 그리고 한국은 사회복지의 부재와 극심한 빈부 격차로 상징되는 미국식 자본주의 시장 체제로 가는 길로 들어서게 됐다.

아이엠에프 사태가 휩쓸고 간 2000년대의 대학 풍경은 어릴 적 상상하고 달랐다. 텔레비전으로 본 1990년대의 농구대잔치와 대학가요제 같은 캠퍼스의 낭만이 부러웠는데, 대학에 오니 다 사라지고 있었다. 1학년이 되자마자 학점 관리와 스펙 쌓기에 몰두하는 우리를 고학번 선배들은 한심하게 봤지만, 그런 모습이 평범한 풍경이 되는 데 그리 오랜 시간은 걸리지 않았다. 내세우는 주장이 옳건 그르건, 나중에 변했다고 손가락질을 받든 안 받든, 사회 비판에 목소리를 높이는 학생운동은 세상 물정을 모르는 이들의 소모임이 됐다.

취업이 안 돼 졸업을 늦추는 사람들이 늘어났다. 그리고 사범대가 인기 단과 대학이 됐다. 1990년대에 교직은 대기업 사원에 견줘 반의 반도 안 되는 월급을 받았다. 겨우 십 몇 년 만에 '경제적으로 안정적'이라는 이유로 사람들이 교직에 몰렸고, 교원 임용 시험 통과는 바늘구멍이 됐다. 완전 뒤집어진 세상이다.

이런 세상에서 생존주의 세대는 경쟁, 그리고 생존을 위한 경쟁, 경쟁을 위한 경쟁의 청년기를 보낸다. '삶의 거의 모든 영역 또는 생애 과정 전체에서 진행되고 있는 경쟁 상황에서 도태되거나 낙오되지 않으려는'(①) 내가 된다.

'자아실현'과 '자기 착취'는 같은 말?

생존주의 세대는 항상 해오던 대로 다시 자기 앞에 놓인 경쟁 상황을 인지한다. 그리고 이번에도 살아남고 승리하기 위한 목표를 세운다. 내 모든 걸 다 쏟아부은 노력을 통과, 합격, 자격 부여 같은 결과로 보상받는 경험은 부지런한 삶에 점점 더 높은 효능감을 부여하게 만든다. '체화된 경쟁주의'는 내 몸에 하나의 생체 리듬이 된 듯 아주 자연스럽다. '경쟁에서의 생존을 위해서 자신의 모든 잠재적 역량을 가시적 자원(자본)으로 전환하는 자기 통치의 주체'(③)이자 '자아의 '진정성'을 사회적 통제에 적극적으로 순응시키는 나'(⑤)가 된다.

문제는 이 굴레에서 자유로워지기는커녕 더 철저하게 그 굴레로 빠져든다는 데 있다. 일정한 성취를 거둔 뒤에 자족하는 게 아니라, 더 큰 성취를 위해 자기 자신을 떠민다. '생존 경쟁에서 이겨 그 외부로 초월하는 것이 아니라, 경쟁 상황을 한 번 더 미래로 연장'(②)한다. 자기 관리를 자아에서 분리해 소모하는 게 아니라, 적극적인 소모의 주체로서 나를 단련해 자기도 모르게 '자기 착취'로 이어진다.*

자기 착취가 하나의 자아실현 과정이 돼버린 생존주의 세대는 자기 자신을 온 힘을 다해 소모하고, 성취감을 느끼고, 다시 경쟁에 빠져든다. 그러다가 경쟁에 뒤처지거나 패배하는 순간이 잠시라도 오면, 온갖 우울감에 괴로워하고 낙오자라는 오명을 스스로 부여한다. 생존의 선순환이 계속돼야 한다. 잠깐 멈추는 일은 있을 수 없다. 선순환이 멈춘다는 말은 나 스스로 납득할 수 없는 추락을 뜻하기 때문이다.

* 한병철, 《피로사회》, 문학과지성사, 2012, 29쪽.

능력주의가 가리는 불편한 진실들

생존주의 세대는 공동의 신념을 공유한다. 성과주의, 성공 신화, 투철함과 소신 등하고 친하다. 아이돌, 랩퍼, 얼마 전부터는 트로트까지 '서바이벌 프로그램'이 몇 년째 유행하고, 경쟁에서 탈락한 자는 실패가 다 '내 탓'이라고 자책하면서 퇴장한다. 공정한 조건이 주어지고, 각자가 최선을 다하면, 결과는 오롯이 자기 몫이다. 성공과 실패는 내 손에 달려 있다. 실패자는 누구도 탓할 수 없다. '능력주의'**가 세상을 살아가는 절대 가치가 된다. 게다가 이 땅에는 자수성가 성공 신화가 유독 많다. 각자 성공담을 말하고, 듣고, 부러워하기에도 벅차다. 그 이면에 자리한 경제적 격차가 학력과 학벌의 차이로, 나아가 지위와 권력, 문화적 소양의 차이로 이어진다는 사실을 드러내는 많은 통계 수치는 능력주의 앞에서 힘을 못 쓴다.

나부터 능력주의를 가장 믿었다. 비빌 구석 없는 내가 유일하게 버틸 수 있는 신념이었다. 계층 상승의 계기를 마련한 수능, 임용 고사 등 그나마 '절차적 공정성'이 보장된 제도에서 내 노력이 점수로, 그리고 합격으로 인정받은 경험은 아주 강렬했다. 이런 경험은 중독성이 아주 강해서, 능력주의를 내려놓을 생각은 '1도' 할 수 없다. 물론 지금도 '절차적 공정성'은 그것 자체로 소

** 마이클 영, 유강은 옮김, 《능력주의》, 이매진, 2020.

중하며, 이런 과정에 참여하는 보통 사람들의 노력이 공적으로 인정받는다는 사실을 감사하게 생각한다.

그러나 능력주의가 활개칠수록 사회 모순은 은밀하고 강해진다. 경쟁에서 승리한 사람의 개인 능력, 노력, 성취는 박수를 받고 낙오된 자는 '자책'하지만, 모든 경쟁의 밑에 흐르는 '사회 모순'이 자꾸 눈에 들어온다. 초기 자본의 절대적 차이가 점점 더 벌어지는 '부익부빈익빈' 세상이다. 경쟁을 통과하기 전, 살아남으려 애쓴 시간 내내 머릿속을 맴돈 구조에 관한 의문들, 곧 '선발 취지에 걸맞은 능력을 정당하고 정확하게 평가하는가?'나 '최소한의 형식적 평등이 주어지지만, 오히려 이 절차가 차별을 정당화하는 수단이 아닌가?'는 풀리지 않는다.

'수능'을 한번 보자. 풀어서 '대학수학능력시험', 곧 '대학에서 수학할 능력이 있는지를 평가하는 시험'이다. 그렇지만 대학교를 4년 동안 다니면서 한 번도 안 볼 분야, 단어, 개념, 이론, 지문, 작품에 관련된 방대한 지식 덩어리들을 암기한다. 더구나 한 문제를 1분 30초(수학은 3분) 안에 풀어야 하는 상황에서, 수험생은 문제를 읽고 푼다기보다는 문제에 몸이 감각적으로 반응하게 해야 한다. 그러려면 반복된 '기계적 문제 풀이'의 극단으로 치달아야 한다.

가장 큰 문제는 제시된 주제에 관해 '나'의 사고를 다져가는 게 아니라 철저히 '출제자의 의도를 파악'해야 하는 '타자화된 사고'를 몸에 익혀야 한다는 점이다. 대학은 세상을 바라보는 나의 관점을 다지는 곳이 아닌가. 그런데 수능은 대학에서 수학할 열정을 식히고 학문 세계를 향한 호기심을 저버리게 한다. 배움이 없는, 성숙이 없는, 지루한 과정이다. 여기서 얻은 내 점수를 들고 촘촘히 서열화된 대학과 학과에 원서를 넣는다.

경쟁에서 어찌됐든 살아남은 사람들의 무용담은 안타깝게도 현실의 모순과 차별에 힘을 보탠다. 각종 경쟁에서 일단 생존해 유유히 살아가다 보면 의도하지 않은 '능동적' 구분을 짓는 사람이 된다. 구구절한 사연을 읊는 인생 역전 연예인은 아니더라도, 끊어진 계급 사다리를 기어이 붙잡은 나 같은 사람들 이야기는 공정성의 신화를 더 굳건하게 한다. 이름 들어본 대학을 가면 입시 체제의 공정성에, 정규직이 되면 채용 전형의 합리성에 끄덕인다. 학업 능력, 학벌, 직업, 소득, 거주지 등을 결정하는 가장 큰 요인이 사회경제적 배경이라는 사실은 가려진다. 그렇게 생존한 '능력주의' 세대가 학교로 간다.

'과잉 공정성'이라는 하마

"요즘 신규 발령 받은 선생님들은 신규 같지가 않아요." 신규 선생님들에게 칭찬한다. 빈말이 아니라 진짜로 그렇다. 신규 선생님들은 업무든 수업이든 주어진 일을 착착착 해낸다. 처음인데 처음 같지 않게 능숙하다. '경험'만이 '능숙'을 쌓아올릴 수 있지 않을까? 이 신기한 광경은 생존주의 세대가 가질 수밖에 없는 어둠이 아닐까?

생존주의 세대는 세상이 요구하는 학문적 지식, 상식, 실무 능력과 대인 관계를 갖췄고, 계속된 경쟁 상황에서 '완전히 준비된 사람'이라는 사실을 '정량화된 지표'와 '풍기는 이미지'로 증명해 왔다. 이 '대외적' 능숙함은 자기만의 비판적 관점에서 틀을 깨거나 비틀지 못하고 부여된 구실만 충실히 해내는 반쪽짜리 능숙함이기는 하다. 어쨌든 반복되는 경쟁 상황 아래 모르는 게 당연하고 못하는 게 마땅한 처음하는 일에서도 미숙한 모습을 보여주고 싶어하지 않는 심리가 생긴다. 주변 사람들은 어려움에 부딪치고, 깨지고, 찌질한 모습을 보이고, 때로는 회피하고, 돌아가도 된다고들 하는데, 우리는 스스로 용납이 안 된다. 미숙한 건 감추고, 부족한 건 보이지 않는 곳에서 끊임없이 노력해 메꾼다.

"그건 공정하지 않잖아요." 능력주의 사회에서 어떤 상황과 위치에 있는 사람도 편하게 외치는 가치가 '공정성'이다. 교육 분야의 어느 주제든 공정하지 않다는 말 한마디에 제압된다. 우리 사회가 공정성의 가치를 도가 지나치게 쓴다고 생각해서 나는 '과잉 공정성'으로 고쳐 부르려 한다. 공정성이 '절차와 형식'에 국한돼 기계적으로 쓰이고, 이 좁은 의미의 공정성이 최우선 가치가 돼 다른 모든 대안적인 논의를 잡아먹기 때문이다.

'교직'을 택한 사람은 대부분 학창 시절에 주어진 과제를 가장 모범적으로, 일관되게 해낸 이들이다. '완벽함 추구'는 아주 익숙하다. 그런 태도가 전공 공부와 학점 관리, 임용 고사로 이어진다. 임용 고사는 '완벽한 교사'를 연기하는 큰 무대다. 1차 필기 전형에서는 전공 과목과 교육학을 통째로 머리에 넣고, 교육 현장 경험이 없어도 유창한 교육 이론가가 된다. 2차 실기 전형에서는 이미 완숙한 교사다. 교사로서 할 수 있는 최상의 교육적 판단과 학생 지도, 교사상, 수업 장면을 평정자 앞에서 선보인다.

'능력주의' 교사가 더 각박한 경쟁하는 세상을 걱정하면서, 학생들을 바라본다. 학생을 바라보는 교사, 학부모, 교육 관료의 안경에 '과잉 공정성'이 비친다. 절차와 형식의 '공정성'이 학교가 아이들을 대하는 적절한 지도 방식이다. 성장 속도, 발달 영역, 가정 배경 등 여러 조건이 다르지만, 굳이 들여다보고 싶지는 않고, 똑같은 조건과 상황을 제시한 뒤 각자 거둔 성취를 각자의 '능력'으로 귀속하면 된다. 같은 조건이고, 목표 지점에 도달하지 못하면 낙오된다. 이런 생각으로 아이들을 대하면, 교사인 나도 편하다. 교사로서 내 직업의식은 드러내되, 학생이 경쟁을 잘 수행하지 못할 때는 이렇게 말하면 된다. "그건 네 책임이야. 나약하지 말자." '누구나 교육받을 권리'(헌법 제31조 1항)를 지닌 사람들이 모인 학교에서도 '능력주의'는 실핏줄인 셈이다.

더 큰 문제는 국가가 적극적으로 제도적이고 행정적인 장치를 만들어 '과잉 공정성'을 장려한다는 점이다. 수능 시험일은 국가 비상 상황이다. 막대한 사회적 비용을 쏟아부어 '대행사'를 치른다. 비행기가 안 뜨고 출근 시간이 바뀐다. 완벽할 수 없지만 완벽하고픈 공정성을 위해 전자 기기를 걷고, 시험용 샤프를 나눠 주고, 지진이나 코로나19 등 예외 상황을 고려한 대처를 해마다 추가한 깨알 같은 매뉴얼을 수능 감독관에게 배부한다. 시험의 시공간을 통제하고, 모든 학생에게 똑같이 부여한 절차적 공정 성을 인정받는다. 그리고 선언한다. "아주 공정하니까 네게 떨어 진 결과와 차별은 논하지 말라." 영원한 승리자와 패배자가 나뉜 다. 극소수에게는 성취감을, 대다수에게는 열등감을 선사한다.

그 극소수도 열등감이 있다. 이 사람들은 사춘기 시절 몸과 마음의 복잡한 변화를 스스로 통제하고 결벽에 가까울 정도의 암기와 문제 풀이를 위해 의자에 앉아 있었다. 이 '뚝심'은 자기 가 지닌 다른 열등감을 '공부 잘하는 아이'라는 평가로 해소하려 는, 또는 이런 성취로 높은 사회적 지위를 누리려는 심리에 맞닿 아 있다. 그래서 지식을 이해해도 생각은 안 깊어진다. '배운 사 람과 성숙한 사람은 일치하지 않는'*다. 이렇게 보면 사회 지도 층으로 불리는 사람들의 특권의식에 젖은 언행도 전혀 이상하지 않다. 도덕 교과서를 한 번이라도 더 읽은 사람이 아무렇지 않게 안하무인한 태도로 사익을 위해 공공성을 짓밟는다. 이런 기질 은 태생적이 아니다. 누구에게나 '공정하게' 주어진 학창 시절에 학업에 충실했다는 자부심, 그런 능력을 무한으로 인정하는 분 위기에서 특권 의식이 자란다. 우리 사회가 그런 이들에게 특권

* 노명우,《세상물정의 사회학》, 사계절, 2013, 244쪽.

의 지팡이를 쥐여줬다. 경쟁형 대학 입시는 모든 사람이 열등감을 몸에 넣는 과정이다.

나아가 기득권층은 적극적으로 공정성을 자기들의 가치로 삼는다. 자기들이 지난날 저지른 폭력을 숨기고, 능력주의와 공정성의 수호자를 자처한다. 민주화운동 유공자, 내부 고발 공익 제보자, 유리 천장에 가로막혀 멈춰 선 여성, 동일 노동 차별 임금을 받는 비정규직 노동자, 사회적 참사 유가족 등 이전까지 소외당하거나 차별받은 사람들에게 갖추는 최소한의 예우를, 기득권층은 '공정하지 않다'고 공격한다. 보통 사람들의 욕망, 박탈감, 자존심을 건드려서 서로 헐뜯고, 경쟁하고, 기득권층이 내세우는 논리에 충성하게 한다. 평생 모은 돈으로 작은 보금자리를 마련한 가장이 종합부동산세가 강화된다며 염려하고, 개미 투자자가 된 일용직 노동자가 자본가의 처지를 걱정한다.

이런 '과잉 공정성' 사회에서, 공정성에 짓눌리는 가치, 또는 공정성 이외의 가치, 공정성 뒤에 숨어 불공정이 강화되는 폐해를 편하게 말하기 어렵다. 일상을 경쟁으로 보내는 보통 사람이 기댈 곳은 좁은 의미의 '공정성'밖에 없다. 어느 선발 제도보다도 계급 차별적인 수능 시험을 오히려 나쁜 처지에 놓인 사람들이 신봉한다. 결국 화살로 돌아오더라도, 사람들은 기계적 공정성에 더 집착한다. 세상이 더 각박해져서 그런가 보다 하면서, 좀더 삶에 여유가 생겨, 공정성하고 함께, 공정성을 넘어선 가치들을 이야기하는 세상이 될 수는 없을까.

'호모 에코노미쿠스'의 후예

'호모 에코노미쿠스Homo Economicus'. 합리적 경제인이라는 뜻이다. 주류 경제학(자본주의 경제학, 자유주의 시장경제학)이 상정하는 전형적 인간상이다.

호모 에코노미쿠스는 '투입과 산출', '기회비용과 편익', 요즘 말로는 '가성비'(가격 대비 성능), 곧 수치로 환산되는 가치 사이의 비교를 통해 경제 행위를 한다. 이런 인간상이 동서고금 할 것 없이 보편적인 마음이라고 전제하면, 경제 영역을 넘어서 세상의 모든 분야에 적용되는 진리가 된다.

'능력주의자'는 호모 에코노미쿠스의 후예다. 능력주의자는 세계를 지배하는 경제 체제, 곧 '자본주의 시장경제'라는 거시 구조의 든든한 지지를 받는다. 더 많은 돈, 더 많은 산출은 능력주의자가 이룩한 거룩한 성취다. 자본주의 시장경제에서 부자란 '능력주의자'들이 받는 정당한 보상이다.

한 사람이 생애 과정에서 하는 모든 선택은 정확한 상황 분석을 한 '내 몫'이다. 어떤 행위를 하고 어떤 보상을 받든 개인의 옳은 판단과 노력에 따른 결과다. 자기에게 주어진 일에 관련된 성실함이 '한 개인의 삶의 소명이 되고, 그 결과로 쟁취한 재물은 자신의 신에게서 구원받았다는 증거'(막스 베버Max Weber)*가 된

---

* 노명우, 《프로테스탄티즘 정신과 자본주의 윤리, 노동의 이유를 묻다》, 사계절, 2008, 130쪽.

다. '플렉스', '내돈내산', '열심히 일한 당신 떠나라'는 말만 다르지 돈 마구 쓰라는 메시지다. 그럴 만한 자격이 있는 사람만 그럴 수 있겠지만.

더 근본적으로 자본주의 시장경제는 교육을 매개하는 '관계' 자체를 다르게 정립한다. 모든 인간관계를 규정하는 원리인 '소비'와 '서비스'의 관계에 바탕해 교육도 '소비 생활'의 하나로 바라보게 한다. 등가 교환을 할 돈만 있으면 누구나 대등한 서비스를 받을 수 있다.

이런 경험이 주는 짜릿한 쾌감을 통해 아이들은 자기를 소비 주체로 자리매김하게 되고, 학교에서도 '교육 서비스를 사는 사람'이라는 위치에 서서 교육의 가치와 유용성을 따진다. 그리고 자기한테 매력이 없는 교육 서비스는 살 가치가 없다고 판단한다(사교육 시장이 더 커지게 된 것도, 더 커지게 될 것도 이런 사고에 한몫한다). 교육에서 '생산자'(교사, 학교)-'소비자'(학생, 학부모)의 관계가 만들어진다.**

'등가 교환'을 시도하는 능력주의의 시선으로 학생과 학부모, 사회가 우리의 교육 활동을, 학교를 바라본다. 교사가 교육을 고민하고 실천하는 자가 아니라 고객의 세세한 요구 사항을 이행하는 교육 서비스 제공자로 여겨질 가능성이 점점 높아진다. 각자가 지닌 능력주의, 그 밑을 떠받치는 자본주의적 시장 관계, 거

** 이혁규, 《한국의 교육생태계》, 교육공동체벗, 90쪽.

기에서 비롯된 사람 사이 '관계'의 변화가 교사의 교육 행위를 평
가한다. 우리에게 향하는 '능력주의의 시선'을, '능력주의'를 신봉
하는 우리는 어떻게 비판할 수 있을까.

5장

교육에 영혼을 담는 건 무모해

교사가 쥔 '자율'은 뭔가 이상해

2020년 5월 20일, 올해 첫 등교 수업을 앞두고 있었다. 코로나19가 확산하면서 3월부터 3차에 걸쳐 개학이 연기되다가 온라인 개학을 했다. 이제 3학년 등교(5월 27일)를 시작으로 2학년 등교(6월 3일)와 1학년 등교(6월 8일)가 예정돼 있다. 교육청 공문이 안내한 범위 안에서 학교마다 '자율'로 등교 수업 운영 계획을 세우면 된다. 각자 공문을 읽고 기초 의견을 수렴한 뒤 전교직원 회의가 열렸다.

회의 주요 안건은 등교 방식이다. 전교생이 매일 등교하는 방식과 1개 학년씩 3주간 순환해 등교하게 하는 방식을 놓고 결정을 해야 한다. 결정하려면 고려해야 할 요소가 많다. 전교생의 규모, 학생과 학부모의 등교 횟수와 급식 관련 수요, 방역에 관련해 교직원이 해야 할 구실과 수행 범위, 온라인과 오프라인 수업 동시 준비(특히 두 학년 이상에 걸쳐서 수업하는 선생님들은 더 복잡하다), 수행평가 실시 방안 등을 염두에 둬야 한다.

코로나19 감염이 지역 사회나 국가를 넘어 전세계를 휩쓰는 위기 상황에서, 국가에 고용된 교육 공무원이자 국가의 대리자로서, 국민을 직접 접하고 만나는 공무원 조직의 얼굴로서, 사명감을 갖고 준비해보자는 다짐을 한다.

그런데 회의에 집중이 안 되네. 자꾸 딴 생각이 드네. 옆자리 선생님에게 조용히 말을 건다.

나 선생님, 저는 이 회의에 집중이 안 돼요.
문 저도 그래요.
나 왜 안 되는 걸까요?
문 뭐랄까, '비본질적'인 것에 대해 이렇게 머리를 싸매고들 있어야 하나.

'비본질'이라……. 갑자기 더 묻고 싶어진다. 딱딱한 회의에서 오가는 말들보다 재미있는 대화가 될 듯한 기대가 생긴다. 그래서 괜히 더 묻는다.

나 비본질! 이 상황에 적절한 말이네요. 그런데 개념이 모호해요. 교육에서 '본질'과 '비본질'은 어떤 기준으로 나뉠까요?

문 아이들이 성장하는 얘기, 수업 얘기가 아니라, 형식만 논하는 것 같은? 조선 시대 '예송 논쟁'*이네요.

나 '예송 논쟁', 하하하, 맞네요. 21세기에 20세기의 예법을 논하는 광경이랄까! 왜 이런 일이 벌어지는 걸까요?

문 여기 있는 어느 누구의 탓이 아니에요. 우리나라 사회와 교육 구조의 문제 아닐까요. 학교에 자율성을 준다면서, 진짜 자율은 없고, 형식의 일부만 학교에서 결정하라고 한 다음에 (무슨 일이 발생하면) 교사 책임이라고 할 게 뻔한. 쇠사슬 걸어놓고 마음껏 뛰어놀아라?

나 맞아요. 그래서 기분이 나쁜가 봐요. 무력함을 느껴요.

문 학사 운영의 높은 자율성을 보장한다는 혁신학교이자 혁신미래학교인 우리 학교도 별 수 없어서, 더 (무력감을) 느끼죠.

나 네, 그나마 자율과 협력의 문화가 있는 우리 학교도 국가가 강제하는 사안에 관련해서는 전혀 자율적인 판단을 못하네요.

우리 둘은 단위 학교의 학사 운영 계획을 만드는 자리에서 오가는 대화를 교육에서 벗어난 '비본질'이라 생각했다. 교육을 구성하는 내용과 형식 중에 내용은 없고 형식만 논의하기 때문이었다. 교사들이 모인 회의 자리에서 교육이 지닌 의미, 아이들이

---

* 조선 현종 때 인조의 계비인 조 대비의 복상 문제를 둘러싸고 서인과 남인 사이에 벌어진 예법에 관한 논쟁. 현실적인 개혁보다는 무의미한 논쟁을 비유할 많이 쓰인다.

코로나19 팬데믹 상황에서 단위 학교의 의사 결정 흐름

1	2	3	4	5	6
교육부의 고심과 결정을 뉴스 속보로 접한다.	며칠 뒤, 교육부 발표의 범위 안에서 세부 계획을 안내하는 교육청의 공문이 온다.	학교 현장에 관한 이해가 없는 지침에 교사들의 반대 여론이 올라간다.	청원, 언론 제보, 교원 단체, 노동조합 등을 통해 항의한다.	항의를 일부 반영한 수정된 공문이 다시 온다.	단위 학교와 교사는 지침안에서 최선을 다한다.

생활하고 성장하는 이야기를 하지 못한다. 교사와 학생의 만남, 교육으로서 대면 활동이 지닌 의미, 온라인 소통의 한계 속에서 '교육'이 추구해야 할 가치와 방향 등은 후순위로 밀리거나 이야기조차 꺼낼 수 없다. 학교에서 교육에 관한 이야기를 할 수 없게 하고, 오히려 교육이 행정의 주변부에 놓인다.

교육부와 교육청이 학교에 베푸는 '자율'은 이상하다. '자율自律'은 '자기 규율', 곧 스스로 규칙을 세운다는 의미이고, 그 규칙은 그 사람(또는 집단)에게 책임 있는 결정을 내릴 권한을 줘야 한다. 그러나 연간 수업 일수, 교과(군)별 수업 시수, 평가 기준 등이 폭넓게 단위 학교의 '자율'로 인정되지 않는 상황에서, 학년별 순환 등교 방식과 방역 지침 이행이 '자율'이라는 이름으로 단위 학교에 던져진다.

이렇게 주어지는 자율은 '교육청과 교육부가 공교육 총괄 기구로서 책임을 지기 어렵다'는 말의 다른 표현이 아닐까 하는 불

쾌감까지 든다. 학교를 향해 사회적인 기대와 불신이 마구 표출되는 코로나19 상황에서, 학교에 주어진 '자율'은 교육부와 교육청에 쏠릴 수 있는 여론의 따가운 시선을 학교 현장에 떠넘기기 좋은 수단이다.

게다가 속도도 급해서 현장 교사가 충분히 고민할 시간도 주어지지 않는다. 정부에서 현장 교사까지 전달되는 의사 결정의 흐름을 단순화해보자. 1차, 2차, 3차 개학 연기, 온라인 개학과 원격 수업, 병행 수업(교실 수업+원격 수업)을 하면서 2~3주에 한 번씩 똑같은 흐름이 반복된다. 학교에 학생들이 없는데 학교 폭력 설문 조사를 하고 정서 행동 검사를 하고, 정보 공시 자료를 입력하라고 한다. 학사력, 수업 계획, 평가 계획을 수정하고 또 수정한다. 전교생이 아니라 일부 학생 또는 학년의 등교 개학을 권장하다가, 3분의 2 이하로 등교하라고 하다가, 3분의 1 이하로 등교하라고 한다. 코로나19의 위협이 아니라 이런 변경되는 지침들에 끌려가다가 지쳤다.

빽빽하고 딱딱한 벽, 국가 관료제

정책과 현장의 괴리는 항상 있었다. 특히 공교육에서 국가 관료제의 최말단인 '단위 학교'는 익숙하게 겪는 일이다. 다만 코로나19 상황 탓에 단기간에, 반복적으로, 더 뚜렷하게 드러날 뿐이다.

그런데 무턱대고 욕할 수는 없다. '관료제[bureaucracy]'의 마법은 너무나 대단하기 때문이다.

만일 관료제적 행정이 …… 형식적, 전문기술적 관점에서 봤을 때, 언제나 가장 합리적인 유형이라면, 오늘날 대규모 행정에 대한 요구는 그것(관료제)을 전적으로 필수 불가결한 것으로 만든다. (막스 베버)[*]

150년 전 베버는 '관료제'가 근대 사회에서 작동하는 대규모 행정에 없어서는 안 될 체제라는 점을 통찰했다. 베버는 관료제적 행정이 합리적인 법적 지배의 바탕이 되는 '계산 가능성'이라는 특징을 지니며, '근대 사회에 필수적인 엄청나게 많은 조정 업무들을 감당할 수 있는 유일한 조직 형태'[**]라고 주장했다. 관료제는 구성원이 바뀌어도 거대한 조직 전체가 무너지지 않는 아주 효과적인 구조다. 관료제를 통해 인류는 조직을 운영할 수 있는 '규모의 제약'에서 벗어날 수 있게 됐다.

관료제는 자기 몸을 무한 팽창하는 국가를 만난다. 근대 '국가'의 형성 과정은 관료제가 확장되는 과정이었다. 베버가 현대 국가를 '주어진 영토 내에서 정당한 폭력(물리력)의 독점을 성공

---

[*] 앤서니 기든스, 박노영·임영일 옮김, 《자본주의와 현대사회이론》, 한길사, 2018, 307쪽.
[**] 같은 책, 307쪽.

적으로 주장하여 권력을 행사하고 합리적인 관료제를 통해 지배를 하는 정치공동체'로 정의한 것은 이런 사실 때문이다.*** 국가의 온갖 사무 행정이 관료 체제에 따라 톱니바퀴처럼 굴러간다.

국가 관료제가 거대해지고 촘촘해질수록 그 뒤의 그림자는 더 짙어진다. 모더니즘의 명과 암을 다시 떠올려보자. 예비 산업역군을 효율적으로 기르고 규율하는 근대적 학교의 태생이 지워지지 않아서 그럴까. 국가 관료제가 강제하는 힘은 아주 **빽빽**하고 딱딱하다. 특히 한국은 순응하는 국민을 찍어내던 권위주의 정권의 잔재가 여전해서 그럴까. '국가'는 사람들 사이에서 절대적 존재로 인식되고, 국가의 이름으로 임무가 주어지면 나는 물음표 없이 그대로 따라야 한다. 토를 달 수 없다.

학교 차원에서 교육과정을 조정한다는 것은 국가 수준 교육과정의 상세한 지침을 준수해야 하는 동시에 학교 내에서 학년별 교과 시수, 교사 수급 등의 문제와 연동되어 있는 문제라서 실제로는 학교별 특색 있는 교육과정을 새롭게 구성하는 일은 거의 불가능에 가깝다.****

빽빽하다. 빈틈을 만들기 어렵다. 국가 교육과정의 강제 아래

*** 비판사회학회 엮음,《사회학 — 비판적 사회 읽기》(제2판), 한울아카데미, 2014, 448쪽.
**** 홍제남,〈혁신교육 패러다임과 교육제도 사이의 간극: 혁신학교정책의 성공을 위한 제언〉,《교육비평》제45호, 2020, 178~179쪽.

2021년 교원의 법정 의무 연수*

학교생활기록부관리·학업성적관리 연수	연 2시간
선행교육 및 선행학습 유발행위금지 연수	30분 이상 총 2회(학기당 1회 이상)
학교폭력 예방 교육	학기별 1회 이상(연 2회 이상)
성폭력 예방 교육(4대 폭력 예방 교육)	성폭력, 성희롱, 성매매 예방교육, 연 1회, 각 1시간(총 3시간)
가정폭력 예방교육	연 1회, 1시간 이상
아동학대 예방 및 아동 성폭력 예방교육	매년 1시간 이상(아동학대 신고의무자 교육)
생명존중(자살예방) 교육	연간 4시간 이상(원격연수 가능)
학생 도박 예방 교육	연 1회, 1시간 이상
학생 인권 교육	연 2시간 이상
교원의 교육활동 보호 연수	연1회(교육활동보호·학생생활지도역량강화)
자유학년(기)제 연수	1인당 6시간 이상
다문화 교육(상호문화 교육)	연 2시간 이상(3년 주기 15시간 이상)
장애 이해 교육	연 1회 이상
학교 안전 교육	3년 주기 15시간 이상
인성교육 역량강화 연수	연 1시간 이상
심폐소생술 등 응급처치 교육	연 4시간 이상
봉사활동 안내 교육	매 학기초 1회 이상
학교 관계자 감염병(관리) 연수	5년 주기 15시간
소방안전 교육	연 2회 이상(1회 이상은 소방관서 합동 실시)
교직원 청렴 연수(청탁금지법)	연 2시간 이상(연 1회 이상)
개인정보 및 정보보안	연 2회 이상
고입전형 관련 연수	연 1회 이상
학습 부진 지도	3년 주기 15시간

* 오류중학교 교육과정운영부, 2021.

에서 단위 학교는 각 학교의 특색에 맞게 교육과정 운영에서 자율을 발휘할 수 없다. 국가 교육과정은 교육을 통해 실현할 가치와 지향을 밝히는 데 그치지 않고, 연간 전체 수업 일수, 수업 시수, 교과(군)별 수업 시수 등 모든 항목별 필수 이수 시간을 나열하고 있다.

"2021년 교사의 필수 법정 이수 교육 목록입니다. 아마 모든 걸 다 받으려면 수업할 시간이 없을 듯하네요." 교육과정운영부(교무부) 선생님이 교원 법정 의무 연수에 관해 안내하고 푸념한다. 우리가 학교에 가르치러 오는지 배우러 오는지 분간이 안 될 정도다. 물론 각각의 연수 주제는 의미가 있다. 교육자로서 교사가 쌓아야 하는 소양과 전문성은 중요하다. 문제는 관료제가 의미 있는 주제를 다루는 방식이다. 우리 사회의 여러 문제가 교사 연수만으로 해결될 리가 없는데, 온갖 교육을 한 '증빙 서류'만 남기는 방식은 관료제가 잘하는 땜질이다.

연수 목록은 '교사'가 받아야 하는 의무 교육만 추린 결과다. 학부모와 학생을 대상으로 실시하는 '법정 의무 교육'**을 별도로 실시해야 한다. 업무 담당 교사가 학교 교육 활동과 수업 '이외'에 준비하고 실행한다. 기본 학사 운영에 법정 의무 교육까지 더해지면, 단위 학교 교육과정에서 운영의 자율성은 거의 없다.

그리고 딱딱하다. 혹시나 모를 예외 상황이 담당자에게 부담

** 교육부, 〈민주시민교육 활성화를 위한 종합계획〉, 2018.

이 될까 봐 다루는 용어를 가장 딱딱하게 해석해서 원칙으로 삼는다. 좋은 가치와 지향을 담은 사업이 관료제의 통로를 지나면 무색무취한 행정 절차로 바뀐다. 이를테면 '혁신'은 현재를 바꾸는 모든 시도들 자체가 아니라 특정 영역에서 문서로 확인할 수 있는 변화로 축소된다. '토론'은 문화와 제도의 변혁이 아니라 회의를 얼마나 자주 하는지 재는 정량화된 지표가 된다. 세월호 참사의 아픔을 되새기라는 '안전'은 책임의 서류상 소재만 따지는 말이 돼 도전적인 교육 활동을 애초에 불가능하게 하고, '나눔'은 자발적이고 협력적인 활동이 아니라 교사를 동원하는 자리가 된다. 혁신학교 사이의 '자율'협의체는 만난 횟수를 확인받느라 강제로 진행되고, 혁신적인 수업 운영 사례를 나누는 '혁신한마당'은 코로나19 때문에 내실 있게 준비할 수 없는데도 담당 장학사의 '업무'이기 때문에 전시성 행사로 바뀌어 열린다.

그러면서 문서가, 그리고 그 문서를 위한 문서가 생산된다. 어느 집단이나 운영 매뉴얼은 필요하지만, 덜어내는 '리뉴얼'이 안 되고 방치된다. 담당자가 바뀌거나 더 엄격한 사회적 시선을 받으면 이미 있는 매뉴얼에 내용을 더 얹으면서 문서가 두꺼워진다. 형식에 사로잡힌 사무, 번잡한 서식, 성가신 절차를 요구하는 '비능률'이 증가한다. 관청에서 공문서를 매는 데 쓰는 붉은 끈에서 유래한 '레드 테이프red tape' 현상*이 있다. 관료제의 번거로운

* 하동석,《이해하기 쉽게 쓴 행정학용어사전》, 새정보미디어, 2020.

형식주의를 비유하는 이 현상을 날마다 목격한다. 절차와 관행, 그리고 거기에 필요한 각종 문서를 챙기다가, 정작 교사는 사람을 만나고 마음을 살필 시간이 없다.

학교는 그냥 학교가 아니었다. '대한민국→정부→교육부→시도 교육청→지역 교육지원청'으로 이어지는 거대한 국가 관료제 조직의 말단 기관이었다.

관료제를 굴러가게 하는 톱니바퀴

폭염 경보가 내린 2018년 7월 어느 날. 서울특별시교육청 앞 보도블럭 위에 사람들이 옹기종기 모여 앉았다. 우리 학교가 '내부형 교장 공모제'를 실행하는 과정에서 교육청이 저지른 파행에 항의하고 분노를 드러내는 자리다. 나도 마이크를 잡는다.

혁신학교가 8년 동안 일군 토대에서 그다음 학교상을 그려갈 수 있을까. 민주적 공동체에 걸맞은 교장상에 어울리고, 우리 학교가 쌓아온 혁신 문화를 더 공고히 할 리더가 필요했다. 학교장을 구성원들 손으로 직접 뽑는 내부형 교장 공모제였다.

학교 구성원들이 참여해서 서류 심사, 학교 경영 계획 심사, 면접 심사를 거친 뒤 최종 후보 3인을 추천한다. 학교운영위원회에서 최종 순위와 명단을 심의한 뒤 관련 서류를 교육청에 발송한다. 지역 교육청을 거쳐서 교육감 승인 단계까지 결재가 올라 우리 학교를 계속 짝사랑하게 해주세요.

교육감님, 안녕하세요. 오류중 교사 서재민입니다. 이 학교를 짝사랑하는 저의 마음이 어찌 보면 교육감님이 강조하시는 혁신 교육의 본질에 맞닿아 있다는 생각이 듭니다.

(……)

(혁신학교 9년 동안) 잘 지은 호텔(학교)을 이끌어갈 가장 적합한 지배인을 절차적 공정성과 구성원의 숙의로 뽑았습니다. 그런데 이게 웬일입니까. 혁신 교육의 현재이자 미래인 오류중이 (지역) 교육청의 훼방을 받고 있습니다. 저희가 여기에 문제 제기 하는 데 시간과 에너지를 낭비하면 안 됩니다.

(……)

이번 논란의 해결책은 결국 혁신 교육의 현재와 미래를 그리는 교육감님의 과감한 결단입니다. 8년간 혁신의 기본이면서도 중요한 것들을 하나하나 일궈낸 오류중 구성원들의 간곡한 목소리를 들어주세요. 혁신은 교육청 관료의 책상에서 만들어지는 게 아닙니다. 혁신은 현장의 실천하는 교사들이 만들어갑니다.

교육감님의 현명한 판단과 결정을 기대합니다.

간다. 아차차! 며칠 뒤 전혀 생각지도 못한 곳에서 우리는 뒤통수를 맞았다. 지역 교육청 심의위원회가 우리 학교 구성원의 결정을 뒤집어버렸다.

학교 심사 뒤 작성하는 추천서에는 순위와 정량 점수를 적는다. 교직원, 학부모, 지역위원으로 구성된 심사위원회는 우리 학교의 제도와 문화를 더 잘 발전시킬 수 있다고 판단한 후보자에게 압도적인 점수를 줬다. 2위나 3위 후보자하고 다르게 1위 후보자는 교육 관료나 관리자가 아닌 평교사였다. 그런데 지역 교육청에서 우리가 뽑은 1위를 3위로 탈락시키고, 2~3위 후보자만 임명 후보자로 올려버렸다.

한 달여 동안 서명, 항의 방문, 1인 시위, 집회가 이어졌고, 결국 우리의 문제 제기는 받아들여졌다. 교육감은 지역 교육청이 올린 1순위 후보자를 교장으로 임명하지 않았고, 우리는 한 학기 동안 학교장 없는 생활을 했다. 그리고 다시 내부형 교장 공모제 절차를 밟아 가장 많은 구성원들이 지지하는 지원자를 학교장으로 추천했다. 다시 생각했다. 관료들은 이 제도에 뭐가 그리 심통이 났을까? 그 사람들의 심리를 추적해보자.

'퇴근 시간이 지났는데, 왜 다들 집에 갈 생각을 안 하지?' 몇 해 전, 교육청에 몇 주 동안 나간 적이 있었다. 퇴근 시간인데 다들 얼굴이 편했다. 교육청 관료들은 퇴근할 생각을 아예 안 했다. 밤늦은 시간까지 일하고, 집에 가서 잠깐 눈 붙이고, 다시 출근한다. 업무 과중은 교육청 사람들의 생활 리듬이었다.

교육청 사람들은 자기가 소화할 수 없는 수준의 업무량을 '문서로 해치우고' 있었다. 여기서 '눈 딱 감고' 7~8년 고생하면 승진의 지름길이 열린다. 그리고 교육청 고위 관료, 교감, 교장이 돼 '평'교사들을 만난다. 밤낮없이 일한 이들 눈에 평교사들이 얼마나 게을러 보일까. 뭐가 그렇게 빽빽하고 딱딱하냐는, 천천히 현장에 다가가자는 교사들의 이의 제기가 얼마나 못마땅할까.

빽빽하고 딱딱한 관료제는 무형의 '시스템'이지만, 이 시스템을 굴러가게 하는 건 사람, 곧 '관료들'이다. 수십 년 동안 소수점까지 점수를 모아야 하는 관료제 승진 피라미드에 갇혀 지낸 사람들에게 평교사도 단번에 교장이 될 수 있는 내부형 교장 공모제는 얼마나 눈엣가시였을까.

인권, 자치, 생태, 노동 등 사업 분야와 정책 내용, 추진 방식에 따라서는 세심한 지원과 배려가 느껴지기도 한다. 그런데 담당자의 개인기에 의존한 '예외적' 사건일 뿐이다. 빽빽하고 딱딱한 관료제는 하나의 '메커니즘'이다. '하향식 관료 행정'과 '인사 제도'가 떠받치고 있기 때문이다. 교육을 무색무취한 일 처리로 만드는 관료 행정, 그리고 과중한 업무량에 시달리면서도 무색무취하게 되거나말거나 '무조건 해낼 수 있다'고 다짐하는 사람들을 교육청 울타리로 불러모으는 '인사 제도'가 있다.

그래서 오해하지 말아야 한다. 특정 인물을 향한 비판이 아니다. 오히려 다들 자기 일을 열심히 한다는 게 문제다(그래서 결과적으로 우리 전부의 잘못이다). 앞으로 제시하는 사례에서 관료제 비판에 등장하는 사람들은 잘못이 없다. 그 사람들을 그렇게 생각하고 행동하게 하는 '제도'가 문제이기 때문이다.

든든한 방패막이는 없다

빽빽하고 딱딱한 관료제 때문에 더 힘 빠지는 이유는 그런 강제가 '나는 너를 책임지지 않는다'는 무언의 메시지도 동반하기 때문이다. 교사는 수업 내용, 외부 체험, 사안 대응 등을 준비할 때 매뉴얼과 자율성 사이에서 고민한다. 여기서 관료제는 그 교사가 의도적으로 비교육적 판단과 처사를 하지 않았다고 판단하면 교사에게 혹시 향할지 모를 비난에 대응하는 든든한 방패막이가 돼야 한다. 그러나 교사의 교육 활동에 쏟아지는 비난과 민원은 오롯이 교사가 떠안는다.

관료제는 이런 상황에서 교사가 한 시도를 보호해준다거나 '괜찮은 생각이니까 우리를 믿고 한번 해보라'는 신호를 보내주지 않는다. 교사가 판단하기 어려운 문제를 문의하면 관료제는 생각할 수 있는 가장 매뉴얼된 대답을 한다. 그런 대답은 이렇게 들린다.

"나는(교육청/교육부) 잘 모르겠어. 그런데 혹시 문제가 되면 내 탓은 하지 말아줘."

사회성을 잃게 하는 사회 수업

교과의 교육과정은 더 빽빽하다. 물론 교과 특성이나 학교급에 따라 그 정도는 다르다. 교과의 성취 기준이 지식보다는 '기능'과 '태도'를 중심으로 구성된 교과, 또는 대학 입시에 덜 반영되는 교과는, 특히 대학 입시에 아직은 거리를 둔 초등학교와 중학교에서는 교육과정 재구성이 상대적으로 손쉽다.

내 담당 교과인 사회과는 수능 과목이고, 성취 기준이 대부분 '지식'으로 제시되기 때문에 교육과정이 빽빽할 수밖에 없다. 중학교 사회 교과서 맨 앞의 차례를 보자. 대단원, 중단원, 소단원에서 다룰 주제, 개념, 내용이 다 정해져 있고, 따라서 모든 차시의 학습 목표는 대부분 이해와 암기다. 지식 전달만으로 수업 시간이 꽉 차서 교사가 교육과정을 재구성하기가 애초에 어렵다.

《중학교 사회 1》에서 '대단원 10'인 〈정치과정과 시민참여〉를 보자. 사회 과목은 말 그대로 '사회'와 그 속의 '나의 삶'을 알아가는 과정이 돼야 한다. 특히 〈정치과정과 시민참여〉 단원은 학습자가 시민으로서 사회 현상에 관심을 갖고 거기에 참여하는 과정이 학습 활동으로 구성돼야 한다.

그런데 교과서에 적힌 학습 목표가 이상하다. 모학문인 정치학의 학문적이고 이론적인 개념을 '이해한다', '알아본다', '설명한다'는 식으로 '지식' 영역만을 학습 목표로 제시한다. '정치과정'에 '시민'으로서 '참여'하는 행위가 중요한 학습 과정이 돼야 하는 단원에서도 '기능'과 '태도'의 영역이 학습 목표로 제시되지 않고 있다.

학교에서 쓰는 교과서를 발행하려면 국가가 하는 심사 과정인 '검정'을 거쳐야 하기 때문에 출판사나 집필자는 국가 교육과정에 어긋나게 학습 목표를 정할 리가 없다. 문제의 원인은 결국 '국가교육과정(2015개정 교육과정 사회과)'에서 찾을 수 있다. 국가 교육과정에 학습자가 학습 목표에 도달하는 정도를 서술한 이 단원의 '성취 기준'을 보니, '참여'가 없는 대신 '이해한다'거나 '조사한다'는 식으로 지식 영역 학습만 제시하고 있다('조사한다'를 기능 영역으로 볼 수도 있다. 그러나 각종 제도와 기관의 개념을 문구 그대로 잘 이해하는지를 조사하는 데 그치기 때문에, 마찬가지로 지식 영역의 성취 기준이라고 봐야 한다). 그

2015개정 교육과정 사회과 〈정치과정과 시민참여〉 단원의 성취 기준

[9사(일사)04-01]정치과정의 의미를 <u>이해하고</u>, 정치과정에 참여하는 다양한 정치 주체의 역할을 <u>설명한다</u>.

[9사(일사)04-02]선거의 기능과 기본 원칙을 <u>이해하고</u>, 공정한 선거를 위한 제도 및 기관에 대해 <u>조사한다</u>.

[9사(일사)04-03]지방 자치 제도의 의미와 특징을 <u>이해하고</u>, 지역 사회의 문제를 해결하기 위한 시민 참여 활동을 <u>조사한다</u>.

성취기준 해설

[9사(일사)04-02]에서는 선거가 대의 민주주의를 유지하고 발전시키는 중요한 요소임을 <u>이해하고</u>, 선거의 기본 원칙과 제도, 기관에 대해 탐구함으로써 공정한 선거를 위해 <u>노력하는 자세를 가진다</u>.

[9사(일사)04-03]에서는 지역 단위에서 민주주의를 실천하고 배우는 지방 자치 제도의 의의를 <u>이해하고</u>, 지역 사회의 정치 문제에 대한 관심과 <u>참여 의지를 가진다</u>.

나마 '성취 기준'에 도달하기 위해 학습 활동에 어떻게 접근하는지를 서술한 '성취 기준 해설'에 '참여한다'가 아니라 '참여 의지를 가진다'는 문구가 있었다. 그렇다면 다시, 왜 국가 교육과정의 성취 기준은 이렇게 '지식' 영역만을 목표로 제시했을까?

여기에서 입시 경쟁 교육의 폐해를 또 만난다. 내용 지식이 빽빽하게 나열된 교과서 구성의 원인을 따라가다 보면, 학습자가 남보다 더 많은 개념을 '화자'(사회과학자, 문제 출제자)가 제시한 대로 정확히 암기하는 정도를 객관식 시험으로 상대 평가하는 경쟁 교육이 있다. 사회 교실은 사회학, 경제학, 정치학, 법학, 문화인류학의 이론, 주장, 그래프, 도표를 통째로 머릿속에 넣고 한정된 시간에 다른 학습자보다 더 많은 문제를 맞히는 연습을 하는 훈련장이 된다. 입시 경쟁 교육에 바탕한 사회 시간에 학습자는 자기가 살아갈 세상을 이해하거나 그 속에서 펼쳐질 자기 삶을 가꾸기 위해 생각하고 참여하는 활동을 하지 못한다.

이런 '제한된 자율' 속에서 교사는 교육과정 개념과 용어 설명에 많은 시간을 할애해야 한다. 더구나 자율적 판단 아래 수업 소재를 선별하려 시도하는 일은 더 어렵다. 입시로 가는 촘촘한 길의 중간에, 내가 가르치는 학생이 혹시나 교과서 속 개념을 덜 배운 탓에 고등학교에 가서 뒤처질까 마음이 편하지 않다. 한편으로는 교과서 밖에서 우리 삶에 밀접한 소재를 골라 수업 자료로 만들려면 충분한 시간과 치밀한 구상이 필요한데, '문서주의' 학교의 일과에서는 그런 여유가 없다.

고장난 관료제가 반성하지 않는 이유

모든 사람이 구조 모순을 떠안고 산다. 자기 삶터를 잃고 떠돌아다니는 사람들도 있고, 죽음의 위험에 노출된 일상을 사는 사람들도 있다. 구조 모순은 크거나 작게, 직접적으로나 간접적으로, 물리적으로 또는 정신적으로 개인에게 짐을 지운다. 점점 더 팍팍해지는 세상에서, 뉴스에 등장하는 교사들은 대부분 비위 행위를 저지른 사건 당사자이고, '철밥통' 교사가 떠안은 모순에 관한 문제 제기는 쉽게 무시된다. 하루하루 성실하게 살아가는 사람들에게 '학교가 이래서는 안 된다'고 말하는 교사들의 불만은 세상 물정 모르는 투정으로 보일 뿐이다. 사람들은 교사가 충분히 감내할 수 있는 몫이라고 딱 잘라 말한다.

그래서 그런지 난폭한 '국가 관료제'를 향한 교사들의 분노는 짧은 탄식에 그치고 만다. 길고 깊게 생각하고 싶어하지 않고, 지금껏 그래왔으니 앞으로도 그러겠거니 하고 잊어버린다. 구조를 향한 분노는 가벼운 자조나 유희로 털어버리고, 내 앞에 주어진 불필요한 행정 절차와 애초에 단위 학교에서 달성할 수 없는 목표와 업무를 그럭저럭 극복한다. 아니, 열심히 자구책을 마련해 수행한다.

'성실성'을 좇는 강박일까. 주어진 일에 관한 업무수행도를 '자존감'에 일치시킨 탓일까(대개는 소중한 인연을 맺은 학생들이 혹시나 나 때문에 피해를 보지 않을까 눈에 밟혀서 그렇다). 이 모순을 견디는 삶을 우리 모두 교사의 직업 윤리이자 소명으로 받아들이는 듯하다는 생각까지 든다. 이런 분위기에서 나는 주변 선생님들에게 감히 말하기가 어렵다.

"왜 이렇게 열심히들 하세요."

그렇게 말했다가는 '구조'의 문제를 제기하려는 의도하고 다르게 '자기 일에 충실하지 않는 교사'나 '아이들을 생각하지 않는 직업 의식 없는 교사'로 낙인찍힐 수 있다.

점점 영혼 없이 일하는 게 마음이 편하다. 관료제의 모순은 다시 현장 교사가 내놓는 자구책으로 봉합된다. 시스템이 일시적으로 일으키는 문제에 맞선 대응이 아니다. 교사의 자구책은 고장난 관료제 시스템을 굴러가게 하는 윤활유다. 교사가 내놓는 자구책이 시스템의 '상수'가 된다. 그래서 관료제는 오늘도 반성하지 않는다.

3부

월급 루팡이 되고 싶지는 않아

누구나 자기 앞에 놓인 현실을 산다. 현실이 괴롭다고 해도, 어디 도망갈 데는 없다. 4년 차에 잠시 이직을 알아보기도 했지만, 별다른 재능과 간절함이 없어 실패했다. 그렇다고 두 손 놓고 사회 구조가 어쩌고저쩌고하면서 넋 놓고 세상 탓만 할 수는 없지 않은가. 앞으로 30년을 '월급 루팡'으로 버틸 수는 없다.

나만의 생존 방식, 곧 구조 모순에 저항하는 방식을 찾는다. 숲을 다 태워버릴 수는 없고, 적어도 내가 움직일 수 있는 공간을 만들기 위해 덩굴을 쳐내고 싶다. 눈앞의 갑갑함을 없애려는 시도들을 통해 작은 변화를 맛보면, 그런 변화는 또 다른 변화를 시도할 수 있는 자신감이 된다.

6장

진짜 자율 학습 시간들

구조와 개인, 그리고 변화

나의 대응은 나에서 시작해 주변으로 확장된다. 일단 세상을 대하는 내 마음가짐을 계속해서 고쳐먹는다. 당연하게 여겨온 의식을 뒤집어본다. 고쳐먹은 관점으로, 학생들과 나의 관계, 수업, 담당 업무 등 주어진 과업을 재해석한다. 그런 다음 내 관점과 해석이 학교 전반의 제도와 문화에서 일어나는 변화까지 나아갈 수 있는지를 재본다. 그리고 시민사회의 가능성을 품은 '혁신학교'에서 새로운 민주적 공동체의 상을 그려보고, 학교 밖에서 사람들을 만나 더 나은 세상과 학교를 꿈꾼다.

구조의 문제를 다루면서 정작 구조에 맞선 대응은 나와 주변 사람들이 해야 할 분투에 그친다고 물어볼 수 있다. 거시 구조의 모순에 문제를 제기하는 논의와 여기에 대응하는 시시콜콜한 이야기는 층위가 다르다고 비판할 수 있다. 원인 분석과 해결책이 일치하지 않는다고 할지도 모른다. 나는 통계와 이론, 해외 사례를 제시한 뒤 법과 제도를 어떻게 뜯어고쳐야 한다고 말할 생각은 없다. 국가 관료제의 폐해, 권위주의 문화, 입시 경쟁 교육 등 교육과 학교가 지닌 문제를 구조적 차원에서 개혁하자는 주장은 이미 많았다. 비슷한 목소리를 하나 더 끼어 넣을 생각은 없다.

나는 학자, 정책가, 연구자, 기자가 아니라, 학교에서 학생들하고 생활하는 교사다. 그래서 교사를 힘들게 하는 '구조 모순'이 드러나는 공간인 학교에서, 나, 그리고 나하고 함께하는 사람들이 어떤 '실천적 대응'을 하고 있는지를 말하려 한다. 현상의 밑에 깔린 '구조 모순'을 계속 드러내기는 하지만, 우리의 대응은 '법과 제도의 개혁'이라는 위에서 시작하는 변화가 아니라 교육현장에서 시도하는 '소소한 실천들', 곧 밑에서 일어나는 변화다.

당연히 구조가 바뀌어야 한다. 그리고 구조 모순을 비판한다고 해서 '개인'이 지닌 힘을 무시하지는 않는다. 구조는 결국 사람들을 통해 만들어지고, 유지되고, 단단해진다. 반대로 말하면, 구조를 향한 개인들의 비판과 자각 속에서 달라진 행위들이 구조를 바꿀 수 있다. 구조를 향한 비판은 오히려 개인들이 만드는 변화의 가능성을 엿볼 수 있게 한다. 그래서 소소한 실천들은 더디더라도 구조 모순의 심기를 건드리는 지점에 닿아야 하고, 이렇게 밑에서 시작된 변화 덕에 바뀐 법과 제도는 '형식'에 갇히지 않는다. 보통 사람들의 실제 삶을 가꾸는 진정한 변화가 된다.

차라리 시키는 대로 사는 게 속 편하다?

'자율의 삶'은 쉬운 일이 아니다. 아니 너무 어려운 일이다. 자기 자신에 관한 이해와 탐구, 부족하거나 상처받은 부분을 보듬는 성찰이 필요하다. 그리고 이런 과정은 한두 번으로 완성되지 않으며, 전 생애 동안 계속돼야 한다. 한편으로 이런 삶은 자기가 몸담고 있는 집단의 영향을 받으며, 집단과 자기 사이에 적절한 관계를 맺을 때 가능하다. 그래서 푸념도 한다. "차라리 누가 시키는 대로 하면서 사는 게 속 편하다."

더구나 우리는 '자율'의 삶을 제대로 학습하지 못하게 하는 사회에서 자랐다. '야간 자율 학습'이라는 '강제'를 따라서 공부하라는 요구만 받아봤지, 삶에서 '자율'을 '학습'하라는 안내를 받은 적은 없다. 한 사람이 자율적인 '개인'으로 인정받는 수준은 그 사회의 '민주주의' 성숙하고 같이 간다. 이 땅에 사는 사람들은 수천 년 동안 신분제 봉건 왕조의 백성으로 지내다가, 100여 년 전에 처음, 그리고 희미하게 민주주의 이념을 접했다. 이것마저도 36년에 걸친 일본의 식민지 지배, 광복 뒤에 미국이 이식한 '제도에 갇힌 민주주의', 30여 년에 걸친 권위주의 독재 때문에 묵혀둬야 했다. 1987년에 정치적 민주화가 시작된 뒤에야, 사람들은 처음으로 자율로 살아가는 삶을 배우기 시작했다. 각자의 삶을 스스로 만들고 통치하는 '자율의 삶'은 어설프고 지지부진할 수밖에 없다. 그런데 우리의 '빨리빨리' 문화는 '자율로 사는 삶'마저 빠른 속도로 성취려 한다. 그러다 보니 한 사람의 내면에서, 그리고 내가 속한 집단과 나 사이에서 자율과 타율이 엇갈린다. 그래서 '자율의 삶'에 관한 강조가 '타율로 사는 삶이 편했다'는 반동 심리를 만들어내기도 한다.

　속도가 빠르건 느리건 우리는 이제 자율로 사는 삶을 숙명으로 받아들인다. 다시 타자가 부여하는 강제에 짓눌려 살아가는 '노예'로 돌아갈 수 없지 않은가. 자율인으로 성장하도록 돕기는 우리가 민주 공화국의 '공교육'에 기대하는 구실이다. 그래서 교육기본법 2조(교육이념)는 '교육은 …… 자주적 생활능력과 민주시민으로서 필요한 자질을 갖추게 함으로써 인간다운 삶을 영위하게 하고 민주국가의 발전 …… 이바지하게 함을 목적으로 한다'고 명시했다. 공교육의 목표는 자라나는 세대가 '자주적 생활 능력'(자율)을 키워 민주 국가의 시민이 되는 데 있다.

학교가 좋아하는 '타율형 인간'

학교는 교육 이념하고 다르게 굴러간다. 권위주의, 능력주의, 관료제가 뿌리내린 학교는 말 잘 듣고 무조건 순응하는 '타율형 인간'을 좋아한다. 입시 경쟁 체제는 자율로 사는 삶을 고민할 시기를 학창 시절 '이후'로 미루게 한다. 신체의 변화와 혼란스러운 마음은 이미 10대에 찾아오지만, 그 감당할 수 없는 몸과 마음의 감각을 억누르고 '학업에 충실'해야 한다. "대학교 간 뒤에 너 하고 싶은 대로 하면 되잖아." 이런 말이 상식적인 조언으로 통용된다. 사춘기조차 '시의적절하게' 경험하지 못하는 셈이다.

유예된 사춘기는 20대가 돼 한번에 분출된다. 분 단위로 빽빽이 짜인 10대의 삶을 뒤로하고, 모든 시간, 대인 관계, 관심사를 자기 스스로 꾸리는 자유를 20대가 돼 처음 만끽한다. 갑자기 주어진 자유는 감당이 안 돼 휘청거리고, '내가 누구지?', '나는 왜 살지?', '앞으로 어떻게 살아가지?' 같은 질문들이 이어진다. 20대가 돼서야 동공이 풀린 눈으로 방황하는 친구들의 모습을 서로 확인한다. 그리고 자기 자신을 방종하는 시행착오의 시기를 보낸다. 천천히 '자율로 사는 삶'을 익힌다.

나도 그랬다. 갑자기 주어진 무한한 자유 속에서, (그리고 가난한 가정 형편 탓에 어쩔 수 없이 주어진 경제적 독립 때문에) 실패를 거듭하면서 '자율'을 배워간다. '내가 어떤 사람인지', '이 세상은 어떻게 굴러가는지', '무한한 자유가 가져오는 불안은 무엇인지', '내가 노력으로 극복할 수 있는 것과 없는 것은 무엇인지'……. 20대가 돼 머릿속의 꼬인 실타래를 천천히 풀어낸다. 처음에는 자유와 자율이 무서워서 책임질 상황을 회피하기도 한다. 점차 나한테 주어진 상황에 마주하고 온전히 나 자신에만 집중해서 판단을 내리고 실행에 옮긴다. 외롭고 힘들지만, 자율의 삶은 정말 매력적이다. 교사가 돼서도 '자율인'으로 살고 싶었다.

교사로서 자율의 삶을 살고 싶은 바람은 허황된 꿈이었나 보다. 학교는 학생뿐 아니라 교사도 '타율형 인간'을 좋아한다. 교육부와 교육청이 학교에 내려보내는 숱한 정책, 공문, 지침을 읽으면, 가만히 두면 꿈쩍 않는 게으른 교사들을 움직이기 위해서는 여러 자극을 주고 강제를 해야 한다는 생각이 느껴진다. '수동적'인 교사들을 이런저런 당근과 채찍으로 다스려야, 그제야 조금 움직인다고 본다. 나는 알아서 열심히 할 수 있는데, 때로는 게으를 수도 있는데, 가만히 두지를 않는다.

어찌해야 할지 생각한다. 최소한 내 속도로 주어진 목표들을 밟아가고 싶다. 숨쉴 수 있는 공간을 만들기 위해 내가 '능동적'으로 할 수 있는 일들을 재어본다. 문서로 말하는 관료제의 지침에 관련해서는 문서가 담지 못하는 '가치'나 '유연함'을 내 고민이 묻어나는 방식으로 재해석하기도 하고, 강제를 비틀어버리는 꼼수를 부리기도 한다. 달걀로 바위 치기에 좌절하면서도, 나름대로 희망의 여지를 찾으면서, 다시 내가 할 수 있는 일들을 해본다. 그리고 이건 '정말 진짜로 아니다' 할 때는 사람들과 힘을 모아 거대한 바위에 달걀 세례를 퍼붓는 수밖에 없다. 비슷한 괴로움을 느끼는 사람들을 잇는 연대로 나아간다.

조급하라 하지만 조급하지 맙시다요

2020학년도 개학을 코앞에 둔 2월 28일. 코로나19 확산세가 심

> 개학 연기가 장기화될 가능성이 높은 상황이네요. 전화위복이 되지 않을까 하는 아이디어 하나 제안합니다.
>
> 오전 ○○:○○

> 온라인 플랫폼을 개설해서, 과목별 진도 계획, 주간(차시) 학습지 제공, (혹은 희망하시는 분에 한하여) 짧은 강의 영상을 업로드하고 학생들에게 안내하는 걸 해보는 거 어떨까요? 반강제된 상황에서 온라인 개별화 학습?!
>
> 오전 ○○:○○

> 물론 선생님들의 낮은 호응, 학생들의 출석과 참여 관리 미비, 기술적인 한계 등 현실적인 벽도 많을 거 같습니다. 아무튼 열어놓고 생각을 나누면 좋겠습니다~
>
> 오전 ○○:○○

상치 않다. 그런데 교육부이나 교육청은 어떤 가이드라인도 없다. 코로나19가 바꾼 세상을 아무도 겪어보지 않아서 이해는 되지만, 예상되는 몇몇 상황에 따른 대응 방안, 아니면 최소한의 대응 원칙, 이것도 어려우면 원칙을 공지할 날짜 정도는 알려줄 수 있지 않을까. 그냥 마냥 기다려야 하나. 조언을 구할 데도 없다. 부장회의를 앞두고 단톡방에 정리되지 않은 생각을 올려본다.

같은 일을 하더라도 누가 시켜서 하면 맥이 탁 풀려버리기 마련이다. 마냥 기다리기는 그렇고, 갑자기 교육부(또는 교육청)가 시켜서 부랴부랴 하고 싶지 않았다. 막연하지만, 천천히 변화하는 상황을 파악하고, 능동적으로 대처하고 싶었다.

그렇게 연기된 개학은 코로나19가 확산하면서 2~3주에 한 번씩 계속 미뤄졌다. 4월이 됐고, 이번에도 언론을 거쳐 교육부 발표를 듣는다. 온라인 개학이다. 공문이 아니라, 언론과 온라인 커뮤니티를 거쳐서 공무公務를 하는 '공무원'들의 부산스러움을 보며, 자괴감이 들고 무시하고 싶어진다. "한국전쟁 때도 학교를 열었다." 비장한 어조로 고위 관료가 한 말에 '저건 또 무슨 소리지?' 하다가, 정신이 번쩍 든다. '아, 발등에 불이 떨어졌구나.'

두 달 동안 교육부(청)는 개학만 연기할 뿐 중장기 계획이나 상황별 대응 방안을 안내하지 않았다. 민주적 절차는 던져버리고, '번갯불에 콩 구워먹으라'고 하니, 뭐 어쩔 수 없다. 학교는 늘 그런 요구를 받아와서 이번에도 그런가 보다 체념하는데, 이런 상황을 또 헤쳐가야 하다니 속이 쓰리다. 게다가 교사들은 이번에도 되게 열심히 준비한다. 이런 선생님들이 대단하고 멋지면서도, 마음에 안 든다. 조급하게 하라는 교육부(청)을 향해 '왜 우리가 조급해야 하지'라는 의문을 품은 채, 그래도 온라인 개학을 준비한다.

학교마다 마련된 업무분장표에 '수업', '원격', '온라인' 같은 용어가 적혀 있는 교사가 담당자로 지정된다. 아니면 일을 거절하지 못하는 '마음 약한 사람'이나 '그냥 기계를 잘 다루는 젊은 이'에게 행정 업무로 배정된다. 지정'당한' 업무 담당자는 외로이 온라인 플랫폼, 출석, 담임 교사의 구실 등 운영안을 짜고 전체 교사들에게 안내한다. 대부분의 학교에서 온라인 개학 준비가 이요 며칠 사이에 정책이 결정되어 실행되기도 전에, 여러 정황과 추측들을 바탕으로 단위학교와 개별교사가 나서서 마치 경쟁하듯, 온라인수업에 마구 달려드는 요즘의 형세가 별로 마음에 안 듭니다. 정부는 3.30에 언론보도를 하고, 그 후 교육부와 교육청의 세부 운영방안도 내려오지 않았는데요. 열흘 이내로(4.9) 온라인개학을 실시하라고 하고요.

공교육기관의 교사는 국가시책에 대한 정확한 정보를 최대한 받고, 그 다음 학교 구성원이 전반적으로 그 내용을 소화한 후, 우리 학교에 맞게 적용을 구상하는 충분한 시간을 가져야합니다. 그런데 이게 보장되지 않는 상황입니다. 그런데 여러 학교들은 마치 기다리고 있었다는 듯이, 이미 세부운영 방안까지 이미 다 짜기도 하네요. 사실은, 우리의 속도가 느린 게 아니라, 다른 학교가 빠르다고 생각합니다. 우리 학교는 오늘 겨우 계획서 초안을 만들기 시작했습니다.

2.28에 온라인수업을 제안한 이유는 지금의 상황맥락과는 전혀 다릅니다. 당시에 모두가 처음 겪는 혼란의 상황에서, 방어적인 처세만 할 게 아니라, '자발적인 생각과 준비를 하면 어떨까'였습니다. 무얼 선도적으로 외부에 뽐내기 위한 게 아니라, 애매하게 떠있는 시기를 조금 값지게 보내고 싶었습니다.

특히나 우리 학교는 '혁신미래학교'여서 더 조급한 마음이 들기도 하고요. 그렇지만, 조급하지 않으면 좋겠습니다. 우리가 서툴고 느린 건 우리 탓이 아니거든요. …… 그래서 이 시기도, 뭔가 쫓기듯이 모범적이고 선도적으로 열심히 하는 게 아니라, 그냥 할 수 있는 만큼 주변 선생님들과 고민 나누면서 천천히 만들어 가면 좋겠습니다.

〈2020년 오류중 온라인개학 및 원격수업 계획(안)〉 내일(4.3) 단톡방에 공유하겠습니다. 여러 의견 주시고, 월(4.6) 10시에 전교직원회의에 모여서 더 이야기나 뉘요.

2020년 4월 2일

렇게 진행된다. 새로 주어지는 과업에 학교가 대처해온 방식이다. 우리 학교는 업무분장표에 '수업', '스마트', '교사 연수'가 적혀 있는 '혁신미래부'에서 온라인 개학과 원격 수업 계획을 총괄하게 됐다. 그리고 나는 이 부서의 장이었다.

조급하게 주어진 일에 담당자가 조급해진다. 그리고 학교 구성원 전체가 조급해져서, 이렇게 가다가는 형식적인 일 처리가 될 게 뻔했다. 아무리 조급해도 구성원들 사이에 현상황을 공유하고, 생각을 모아서 계획서에 담아야 한다. 시간의 여유도 없고 자율로 할 수 있는 범위도 좁지만, 혁신학교 10년 동안 쌓은 민주적인 교직원 문화의 힘을 믿고, 공동의 논의를 거쳐 계획을 만들어가는 과정을 거친다.

일주일 새에 전교직원의 4분의 1이 모여서 함께 초안을 작성(4월 3일)해 안내했다. 그리고 1차 전교직원회의(4월 6일)를 열고, 여기서 나온 의견을 반영해 2차 전교직원회의(4월 8일)를 열어 최종 세부 운영 계획을 확정했다. 그 뒤에도 원격 수업을 운영하면서 나타나는 출석, 접속, 공지 등 여러 문제에 관해 계속 의견을 수렴해 반영했다.

코로나19 상황에서도 어김없이 작동하는 국가 관료제의 강제에 관련해서 '조급하지 말자'고, '함께 고민해서 내린 결과를 계획서에 담자'고 제안하는 정도가 담당자로서 내가 할 수 있는 최소한의 '자율'이었다.

수업에 교사의 '자율'을 녹여낸다는 건

'수업授業'은 교사를 교사답게 하는 가장 큰 영역이다. 먹고살려고 교직에 들어온 내게 수업은 계속 회피하고 싶은 시간이었지만, 교사로서 살아가기 위해 점점 수업에 관심을 두게 됐다. 수업에 교사의 '자율'을 녹여내려는 시도는 교사의 정체성과 자존감을 높인다. 반대로 말하면 자율 없는 수업은 교사의 삶의 의미를 뿌리부터 흔들 수 있다.

다른 한편 교사가 수업이 지닌 가능성을 믿고 할 수 있는 최선을 다할 수는 있지만, 수업은 요술봉은 아니다. 자기가 진행한 수업이 학생들에게 기대하던 성취를 바로 달성하게 해주고 세상만사 어려움을 다 극복하게 해주는 만병통치약이라는 믿음은 자만이다. 수업은 진공의 공간이 아니다. 학교의 일부이고, 교육의 일부이고, 나아가 한국 사회의 일부다. 수업은 교실 바깥의 여러 요인에 영향을 받는 제약된 공간이다. 특히 사회과가 그렇다.

사회과는 국가 교육과정에 모든 수업의 목표와 내용이 정해져 있기 때문에 수업하는 교사에게 폭넓은 자율성이 없다. 사회 교과서에 제시된 학습 활동과 사례들은 학습자가 마주하는 실제 삶의 문제에 적극적으로 다가가려는 도구가 아니라, 학문적이고 이론적인 개념을 정확히 파악하는지를 반복 확인하려는 장치다. 달(학습자가 살아가는 세상)이 아니라 달을 가리키는 손가락(학문적이고 이론적인 개념과 용어 등)만 바라보고 달달 외

기능과 가치(태도) 영역의 비중을 높이는 수업 재구성

사회 교과서 - 지식 99.9%	사회 ① 10-2. 선거의 이해 ·선거의 의미와 기능 ·4대 원칙: 보통선거, 평등선거, 직접선거, 비밀선거 ·공정한 선거를 위한 제도: 선거구 법정주의, 선거공영제, 선거관리위원회 사회 ② 2-2. 법을 집행하는 대통령과 행정부 ·행정권의 의미와 중요성 ·대통령의 헌법상 지위 ·대통령의 주요한 12가지 권한들 ·행정부의 조직과 기능
사회 수업 재구성 - 지식 1/3 - 기능 1/3 - 가치(태도) 1/3	**지식** ·민주주의, 대의민주주의, 선거 ·대통령의 지위와 권한 중 일부 **기능** ·정보 검색 및 취합, 공약 검증을 위한 비판적 사고력 ·지역 사회와 국가의 현안에 대한 공약을 평가하는 공동체 역량 ·모둠원과 생각과 주장을 공유하고 조정하는 의사소통 역량 **가치** ·실제 후보자에 모의 투표를 실시하면서 경험하는 주권자 활동 ·우리 사회에서 한 명의 '시민'으로서 정치 현상에 관심과 참여

운다. 주어진 대로 수업만 하면 되지만, 사회 시간이 아이들의 사회성을 도리어 없애지는 않을까 하는 자괴감이 든다. 교단에 선 앵무새가 되기는 싫다.

한정된 자율이지만, 수업을 재구성한다. 학습자가 '지금 여기'의 세상에 관심을 갖고 더 좋은 사회를 위해 '시민'으로서 참여하고 싶은 마음을 품게 할 수는 없을까. 우선 성취 기준의 대부분을 차지하는 세세한 내용 지식을 전부 다루지 않고, 해당 주제를 관통하는 몇 가지 개념을 선별한다. 이렇게 지식의 비중은 낮추고, 기능과 가치의 비중을 높인다. 지식, 기능, 가치라는 세 영역의 균형을 맞춘다. 학생들이 실제 삶에서 겪는 사회 현상을 학습자가 '시민'으로서 참여할 수 있는 학습 활동으로 재구성한다.

한 가지 팁이 있다. 수업 등 교사가 구상하는 교육 활동에 관련해 재량 범위가 애매한 지침 또는 정책이 있을 때 대처하는 방법이다. 이때 교사에게 주어진 '자율'의 범위를 교육청에 굳이 확인하려다가 더 손해를 볼 수 있다. 애매함은 '자율'이라는 이름으로 현장 교사에게 '책임'을 전가하는 방식으로 이용된다. 그래서 교육청에 질의하면 상상할 수 있는 가장 '보신주의'적인 답변을 받거나 애매한 말에 이어 혹시 모를 문제가 생기면 책임은 현장 교사에게 있다는 사실만 확인할 가능성이 높다. 책임 문제는 스스로 감수하면 되지만, 교사는 구상을 실행하기도 전에 스스로 활동의 범위와 깊이를 축소해버릴 가능성이 높아진다. 그래서 나는 이런 상황에서는 굳이 교육청에 질의하지 않고 지침을 넓게 해석해 진행한다. 그리고 혹시 모를 문제가 생기지 않게 스스로 평소보다 더 철저히 대비한다.

정치 효능감을 높이는 모의 선거 수업

정치 단원에서 '선거'를 보자. 현재 중학교 사회 교과서는 모두 검인정 교과서다. 국가가 '검토'하고 '인정'해야 학교에서 교과서로 쓸 수 있다는 뜻이다. 이렇게 만들어진 사회 교과서의 '선거' 단원에는 선거의 의미, 제도, 원칙, 기관 등 개념과 이론을 이해하라는 말만 쓰여 있다. 선거에 관련한 지식을 '암기'하고 '이해'할 필요도 있지만, '암기'와 '이해'가 이 단원이 내세운 목표의 전부가 되면 안 된다. 선거 제도와 국가 기관, 민주주의는 시민의 참여로 변모하는 역동적인 역사다. 우리나라의 주권자인 학생이 우리 사회의 정치 현안에 관심을 기울이게 하고, 현재의 '시민'이자 미래의 '유권자'로서 권리를 실천할 수 있게 정치 효능감을 높이는 수업이 돼야 한다.

2017년 3월. 대통령 선거를 앞두고 있다. 대통령 후보자와 공약을 검토하는 수업을 설계한다. 수업에 필요한 내용 지식을 가볍게 다루고, 바로 모둠 활동으로 기능과 태도 영역의 활동을 이어간다. 집에 우편 배송된 선거 공보물을 챙겨와서 모든 후보자의 자질과 공약을 검토하고, 모둠 활동으로 자질을 갖춘 후보자와 좋은 공약을 선정해서 발표한다. 막연한 이미지가 아니라 후보자의 자질을 평가하고 공약을 분석해 모의 투표를 한 뒤 개표해서 우리가 뽑은 대통령을 발표한다.

이렇게 설계를 하니, 학생들의 삶에서 분리된 사회 수업에서 조금 벗어난 시도라는 생각이 들었다. 허술한 구석이 많지만 취지와 방향은 나름대로 의미가 있다는 생각이 들었고, 관심 있는 선생님들은 편하게 수업을 참관하라는 전체 메시지를 돌렸다.

그런데 방심하기에는 이르다. 이런 시도들은 대개 예상하지 못한 곳에서 공격을 받기 때문이다. 수업 공개 일정을 전체 메시지로 돌린 몇 분 뒤, 인터폰이 울렸다. 교장 선생님이었다.

정치적 중립성을 훼손한다고요?

교장 선생님은 메시지를 보고 전화했다고 했다. 만나서 얘기하자고 하길래 일단 교장실로 내려갔다. 교장 선생님은 무척 격앙돼 보였지만, 흥분된 목소리를 애써 가라앉히면서 내 수업에서 염려되는 점을 장황하게 설명했다. 대통령 후보자를 수업에서 다루면 교사의 '정치적 중립성'을 훼손할 수 있고 학부모가 민원을 제기할 수도 있다는 두 가지가 요점이었다.

한국의 교사는 '정치적 중립성 훼손'이라는 잣대에서 자유로울 수 없어서 현실적으로 수업의 재구성은 더욱 조심스럽다. 그럼 '정치적 중립성'은 어디서 어떻게 시작된 말일까? 교육기본법 제6조를 보자.

교육기본법 제6조(교육의 중립성) 교육은 교육 본래의 목적에 따라 그 기능을 다하도록 운영되어야 하며, 정치적·파당적 또는 개인적 편견을 전파하기 위한 방편으로 이용되어서는 아니 된다.

이 조항이 말하는 '정치적 중립성'은 본래 교사가 상급자 또는 통치자에 휘둘리지 않고 교육할 권리를 보장한다는 의미였다. 지난날 독재 권력은 '교사-공무원'을 정치적 선전 도구로 활용했고, 이런 아픈 역사를 반복하지 않으려 이 조항을 만들었다. '권력에서 벗어날 자율'을 보장하는 법이지, 교사가 세상의 어떤 일에도 자기 견해를 숨겨야 한다는 말은 아니다. '수업의 자율성'도 이 권리에서 비롯된다. 그런데 이 권리가 오히려 '교사는 현실에서 벌어지는 사회적 이슈를 아무것도 다뤄서는 안 된다'는, 교사의 자율을 좁히는 의미로 왜곡돼 쓰인다. 그래서 교장 선생님에게 차분히 반박한다.

수업의 재구성은 수업 구상자인 교사의 가치관이 묻어나는 과정이며, 교사가 주제를 재해석하면서 시작된다. 교사는 사회의 분석자로서 자기 시각에 바탕해 사회 현상을 수업으로 가져온다. 그렇지만 그럴수록 '왜곡된' 정치적 중립성 논쟁을 피할 수 없게 되고, 한국 사회의 특수성을 아는 교사 자신도 더욱더 '자기 검열'을 한다. 이 수업에서 교사는 후보자에 관련된 정보나 공약을 자의적으로 선별하거나 편파적으로 제시하지 않는다. 교사는 활동 안내자 겸 용어 해설자 구실만 하고, 특정 후보 또는 공약이 좋다는 식으로 주관적인 개입은 전혀 하지 않는다. 이 수업의 취지와 의미를 오해한 듯해서 자세히 설명했다.

아, 이런 대화에서 가장 유념할 게 있다. 감정을 절제하고 차분하게 말해야 한다. 자칫 흥분된 모습을 보이면 바로 '무례한 젊은이' 프레임으로 공격을 받게 되고, 논쟁하는 주제에 관해 대화하기가 어려워진다. '나이가 갑'인 한국 사회에서 연소자이자 저경력자라는 위치는 평등한 관계에서 논쟁을 하기 어렵게 만든다. 이 문제를 해결할 수 있는 근본적인 변화는 사회 변화에 따라 아주 천천히 진행되겠지만, 나는 아주 '정중하면서도 직설적으로' 대립하는 주제 '안'에서만 건조하게 대화하는 방법을 쓴다. 정중하게 따박따박 말한다(물론 이렇게 말한다고 해서 예의 없는 젊은이라는 프레임에서 완전히 벗어날 수는 없다).

이미 귀를 닫은 교장 선생님은 선거관리위원회에 질의를 하겠다며 내 앞에서 전화를 하신다. 더는 점잖은 대화를 이어갈 수 없다는 생각에 목례하고 교무실로 돌아온다. 자리에 앉아 숨을 고른다. '교사의 수업 자율성이 이렇게 약하구나.' 힘이 탁 풀려버린다. 교사를 믿어주고 보호막이 돼야 할 학교가 오히려 교사를 가로막는 상황. 굳이 하지 말라는 일을 내가 애써서 하고 싶은 생각이 들지 않는다. 수업 시작을 5분 앞두고 수업 참관 안내를 취소한다는 메시지를 돌린다.

'관료제의 폐해'와 '권위주의 문화'는 관료주의적이고 권위주의적인 행태를 보이는 '누군가'를 거쳐 내게 다가온다. 나하고 대립하는 특정 인물을 비판할 생각은 없다. 여기서 학교장은 자기의 역할 행동을 충실히 했다. 학교를 대표하는 지위에 있는 사람이 교사의 수업과 학생의 학습보다는 민원의 책임 소재 따지기에 가장 신경을 쓰는 현실은 그 직책을 맡은 사람의 개인적 성향 탓이 아니다. 사안이 벌어진 상황과 맥락보다는 책임 소재를 따져서 문책하는 데 집중하는 '제도'가 가져온 결과다. 제도가 지닌 문제는 제도를 철저히 따르는 제도의 '대리 행위자'를 거쳐 내게 압박으로 다가온다.

선관위는 어떻게 답변했을까? 그날 오후, 선관위는 선거 수업을 할 수 있는지 없는지, 또는 현실 정치인을 수업 시간에 다룰 수 있는지 없는지는 자기들이 결정할 일이 아닌 만큼 학교에서 알아서 판단하고 결정하면 된다는 지극히 공무원다운 두루뭉술한 답을 보내왔다. 공무원 사회의 '책임 떠넘기기' 풍습을 여기서 다시 확인한다.

구조에 작은 균열을 낼 수 있을까

지침을 재해석하고 수업권 침해에 이의 제기를 하는 방식은 방어적 처세다. 감정 분출에 그치는 사례도 많아서 개운하지 않다. 직접적인 강압이 느껴질 때 일단 대응하는 식인데, 이전의 구조가 이어진다면 언제든 똑같은 일이 다시 벌어질 수 있다. 이제 상황을 좀더 적극적으로 헤쳐 나가고 싶다.

구조의 변화를 꾀한다. 훨씬 답답한 세상에 분노한 이전 세대의 분투가 지금 그나마 숨쉴 수 있는 사회와 학교를 만들었다. 이전 세대가 만들어온 자율의 공간에서 우리는 우리가 할 수 있는 일을 한다. 구조 속의 내가 행복해지기 위해 학교 안팎에서 구조에 작은 균열을 내보자. 그 균열들이 모여서 생각의 변화로 이어지면 좋겠다. 급해지거나 느슨해지지는 않는지 되돌아보면서, 이제 집단의 문화와 제도에 내 호흡을 닿게 하고 싶다.

7장

자치 반, 가치 반

학생 자치를 만나다

홍○○ 선생님 선생님, 내년에 학생 자치 담당해보는 거 어때요?

나 '학생 자치'요? 제가 잘 몰라서……학교 다닐 때 학생회 활동
도 안 해봤고요.

2014년 말, 업무와 수업에 허덕이던 교직 2년 차가 끝나갈 때
였다. 학생자치 담당계가 속한 부서의 부장 선생님이 내년에 '학
생 자치' 담당을 해보라고 제안한다. 고사와 평가, 방과 후 수업
같은 행정 업무를 정신없이 하던 때에 먼 곳에서 지켜본 '학생 자
치'는 전혀 다른 업무로 보였다. 학생회 임원들을 자주 만나고
학생들이 하는 회의와 행사를 옆에서 도우면 되는 건가. 그때 나
는 학생들하고 적절한 관계를 맺는 데 서툴기도 하고 새롭게 익

혀야 하는 업무가 막연히 두렵기도 한 신규 교사였다. 그렇지만 덜렁대는 성격에 더 안 맞는 행정 업무를 또다시 맡기 싫은 마음이 컸다. 그래서 학생 자치 담당을 해보겠다고 했다.

내가 해보고 싶다고 말하면 학생 자치 담당을 할 수 있을까? 맞다. 할 수 있다. 학생 자치는 교사가 꺼리는 업무의 하나이기 때문이다. 그래서 대부분의 학교에서 학생 자치는 새로 온 교사나 거절하지 못해 떠밀려 맡는 교사가 맡는다(우리 지역에 '학생 자치 담당교사 협의회'가 있는데, 해마다 연초에 모인 자리에서 확인할 수 있다). 기피 업무라서 내가 하고 싶다고 하면 할 수 있었다. 그때 그 만남을 시작으로 9번의 업무 분장 중 5번이 학생 자치 담당이었다. 업무 선택의 기회가 낮은 발령과 전보를 첫 해를 빼면 교직 생활의 대부분을 학생 자치 담당으로 보냈다. 왜 나는 '학생 자치'에 매력을 느끼는가.

'내 안의 파시즘'을 마주하고

'민주 시민의 양성'이라는 공교육의 최고 목표는 지식 습득만으로 달성할 수 없다. 연애를 책과 이론으로 공부한 사람은 막상 호감 가는 사람을 만나도 사랑으로 가는 데 서툴 수밖에 없다. 민주주의를 책으로 공부한 사람이 성숙한 '시민'으로 사회 현실에 참여하는 모습은 기대하기 어렵다. 연애든 민주 시민이든 실제 상황을 진지하게 대하면서 자기를 돌아볼수록 더욱더 성숙할 수 있다.

학생 자치는 학교에서 민주 시민의 삶을 경험하는 기회다. 학생들은 자기에 관련된 공공의 일에 관해 생각하고, 토론하고, 의사 결정을 한다. 자기 삶의 문제를 '스스로(자^自) 다스리(치^治)'면서 학생들은 민주 시민의 자질을 '머리'만 아니라 '몸과 마음'으로 익힐 수 있다. 이런 참여 과정에서 학생들은 민주 공동체의 시민으로 성장한다. 담당 교사는 학생들이 자치 활동에서 겪는 경험의 질을 높일 수 있게 돕는다.

학생들을 만나 항상 생각을 나누고 자치의 세세한 과정을 함께 밟아 나가는 여정은 담당 교사로서 여간 어려운 일이 아니었다. 무엇보다도 좋은 조력자가 되려면 일단 나부터 민주 시민이 돼야 했다. 그런데 나는 아이들보다 권위주의 문화를 더 오래 겪어온 기성세대다. 사회과학 책에서 만나는 민주주의의 이상과 내가 속한 곳에서 내가 행하는 민주주의는 괴리가 컸다. 매일같이 겪는 나이, 경력, 직책 등 많은 권력관계와 여기서 오가는 위계에 기반한 화법에 불편함을 느껴왔고, 특정인의 권위에 기대어 결정되는 방식에 문제의식을 가져오기는 했지만, 나야말로 이런 관행에 익숙했다.

학생 자치 담당 교사로서 나는 학생들을 만나 대화하고 의사 결정을 하는 방식을 조금씩 바꾸게 됐다. 여전히 부족하지만, 학생 자치 활동에 참여하는 학생들하고 함께 차근차근 단계를 밟으면서 수평적인 대화를 한다. 내 안의 권위주의적인 태도를 자각하고 다음부터는 그런 말투와 상황을 반복하지 않으려 한다. '내 안의 파시즘을 인식'*하고 반성한다.

그러면서 학생관도 서서히 바뀌었다. 학생은 내가 교화하고 이끄는 대상이 아니며, 나나 학생이나 민주주의를 배우는 과정에 있다. 학생 자치는 교사와 학생에게 모두 '자율'의 영역이 될 수 있다는 생각도 들었다. 타율형 인간을 찍어내지 않고, 무의미한 관행으로 학생들을 괴롭히지 않으면서, 학생들이 학생 자치를 통해 학교에서 의미 있는 시간을 보낼 수 있지 않을까?

사회 수업만으로 '민주시민교육'이라는 지향을 충분히 담아낼 수 없다는 생각이 커지면서, 나는 학생 자치가 지닌 가능성을 더 믿게 됐다.

혁신학교의 학생 자치는 뭔가 다르다?

비슷한 시기에 학생 자치에 관한 정책적 뒷받침도 실행됐다. 서울시교육청은 2015년부터 '학생 자치 활성화' 정책을 펴면서, 학생 자치를 지원하는 섬세한 가이드라인과 예산을 제공했다. 여기에 맞춰 학교에서도 학생 자치의 위상이 점차 높아졌다. 특히 관

---

* 김누리, 《우리의 불행은 당연하지 않습니다》, 해냄, 2020, 95쪽.

료제 사회에서 학생 자치가 교사의 공식 업무로 인정받은 정책은 전에 없는 큰 변화였다.

그렇다고 해서 학생 자치의 목표가 저절로 실현되지는 않는다. 오히려 진정한 의미의 학생 자치가 실현되지 못하게 막을 수도 있다. 학생 자치가 업무 영역 안에 갇힐 수 있기 때문이다. 학생 자치는 특정 업무의 수행 과제가 아니라 학생이 스스로 통치하는 '경험'이다. 학교는 구성원의 자유와 평등을 보장하고 학생은 학교에서 일어나는 의사 결정 전반에 시민으로서 참여하는 절차가 문화로 자리잡아야 한다. 그제야 이 활동이 추구하는 목표를 진정으로 실현하게 된다. 학교 곳곳에 학생 자치의 원리가 스며들어야 한다는 말이다. 학교의 운영 원리에서 괴리돼 별도로 운영되는 학생 자치는 내용은 없고 형식만 남은 또 하나의 행정 처리에 불과하다. 업무 영역화된 학생 자치는 자치의 원리가 학교 운영 전반에 반영되는 길을 더 멀게 할 수 있다.

교사는 각자 맡은 많은 업무, 수업 준비와 수업, 실시간으로 학생을 만나는 일만으로도 버겁다. 자기 할 일만 해도 바쁘고, 자기 업무가 아닌 일에 참여하기는 더 어려워서, 자기 일 아닌 업무에 무관심한 모습은 어찌 보면 당연하다. 업무 효율을 위해 나눠놓은 분장이, 다른 교사가 맡은 업무에 관심 갖는 행동을 되레 '참견'으로 보이게 하는 문화로 굳어져 있기도 하다. 그래서 어떨 때는 다른 일로 바쁜데 학생 자치까지 신경쓰기 힘들다는 차가운 눈초리를 받기도 한다.

그래서 학생 자치의 위상은 여전히 불안하다. 국가 교육과정에 규정된 연간 시수의 대부분이 교과 수업이고, 학생 자치나 동아리 같은 창의적 체험 활동(비교과 활동)은 비중이 10퍼센트 정도다. 학교에서는 수업, 출석, 진학, 성적, 평가가 우선일 수밖에 없어서 학생 자치는 부차적 활동으로 취급된다. 학생회가 여전히 권위주의적인 문화 속에서 '선도부' 또는 '잘나가는 아이들의 소모임'에 그치는 사례도 많다.

10여 년 전 내 학창 시절에도 그랬는데, 민주 시민 교육이 전무한 시절의 학교를 경험한 교사, 학부모, 교육 관료에게 학생 자치가 부차적인 상황은 어색하지 않다. 이 '우선순위'는 코로나 19 상황에서 극명하게 드러났다. 개학 연기 뒤 온라인 개학과 등교 개학을 병행하면서, 학생들이 등교할 때는 방역에 최선을 다하기 위해 친구 간 관계 맺기도 금지하면서, 그러면서도 평가, 출석, 생활기록부 기재는 꼭 해야 한다. 그러나 자치 활동은 최소화되거나 취소된다.

학생 자치 담당 교사로서 이 부분이 가장 어려웠다. 학생회를 대표로 삼아 이런저런 학교 행사를 실행하는 방식은 '학생 자치'가 아니라 '학생 동원'일 뿐이다. 학교 운영 방식을 바꾸는 일을 학생 자치 담당 교사가 책임지고 추진해야 할 상황이 생길 때, 굳어진 제도와 문화에 홀로 대응할 엄두가 안 난다. 다른 교사들의 관심과 협조가 많이 필요하지만, 학생 자치를 바라보는 상이 각기 다르고 교육과정에서 할당된 시간도 아주 적어서 호응

학생 자치 활동 활성화를 위한 교육청의 권장 사항과 오류중학교 현황

서울시교육청 권장 사항*	오류중학교 실시 현황(2019년 기준)
• 교실 한 칸 이상의 학생회실 공간 확보 및 상시 이용(공간 민주주의 실현)	• 학생회실(교실 반 칸), 대의원 토론실(교실 한 칸), 상설 동아리 연습실(교실 3칸) • 개인용 컴퓨터, 빔 프로젝터, 컬러 프린터, 원형 탁자, 물품 보관함 설치 및 상시 개방
• 학생회-학교장 간담회의 정례화(연 4회 이상) 및 공개적 피드백	• 학교장과 상시 만남 • 교직원회의 때 발제 및 토론 2회 실시
• 학생회 운영비 100만 원 책정 • 학생참여예산 200만 원 편성 • 학급운영비 20만 원 편성	• 학급 운영비 20만 원 편성 • 교육청·지자체 학생 자치 활동 지원 500만 원(참여예산제 포함) • 혁신학교 예산의 약 30%인 1250만 원을 편성
• 학생자치 전담교사 지정 2명 • 학년별 학생자치 담임교사 지정	• 학생 자치 전담 교사 부서(비담임) 2인 • 학생 자치 업무 담임 교사 학년별 1명(총 3명)
• 교복 공론화 등 '우리 학교 토론회' 활성화	• '액세서리 착용' 관련 생활 규정 개정을 위해 2회의 3주체(학생, 교사, 학부모) 회의를 거침. • 개정안 투표 시 학생의 의사를 더 높은 비율로 반영하여 산출(학생 5 대 학부모 2.5 대 교사 2.5)
• 교육과정 내 학급자치 시간 확보 (학급자치 월 1회 이상 실시)	• 정규 교육과정 내 학급 자치 월 1회(연 8회) 실시
• 학생참여위원회(학생회 네트워크) 활동 협조·지원 • 지역사회 연계 학생자치활동 실천 체계 참여	• 학생회장단의 학생참여위원회 참석 • 구로구 학생자치연합 주관의 자치캠프, 포럼, 원탁토론, 축제 등에 학생회 임원들이 참여

---

* 서울시교육청, 〈학생자치활동 활성화 지원 계획〉, 2019.

을 얻기도 어렵다. '학교의 제도와 문화가 뒷받침되지 않으면, 학생 자치는 한정된 영역에서 하는 소꿉장난으로 끝나겠구나.' 벽에 부딪쳤다.

그런데 혁신학교에서는 학생 자치의 목표가 실현될 수도 있다는 생각을 품게 됐다. 혁신학교는 2000년대 말에 시작된 학교 개혁 운동으로, 민주적 공동체를 주요 과제의 하나로 삼는다(8장에서 자세히 다룬다). 혁신학교의 운영 목표와 학생 자치의 목표가 만난다.

마침 전보한 새 근무지는 혁신학교였고, 그동안 쌓아온 민주적 제도와 문화가 학생 자치를 든든히 뒷받침한다고 느꼈다. 교육청이 제시한 학생 자치 활동 활성화를 위한 권장 사항에 견줘 우리 학교는 더 넓은 학생 자치의 기반을 마련해왔다.

혁신학교 학생들은 민주시민성이 높지 않을까 궁금했다. 학생들이 자치 활동에서 어떤 경험을 하는지, 이런 경험이 학생들의 민주시민성을 정말 높이는지 확인하고 싶었다. 이 의문을 구체화하다 보니 석사 학위 논문으로 이어졌다. 인터뷰와 참여 관찰 등 질적 연구 방법을 바탕으로 학생회 활동을 통해 학생들이 정말로 민주시민성을 높이는지를 밝히고 싶었다.[*] 연구 결과는 어땠을까? 내가 세운 가설이 증명됐을까? 반은 맞고, 반은 틀렸다.

[*] 서재민, 〈학생회 활동을 통해 본 민주시민성 함양의 촉진과 저해요인〉, 성공회대학교 교육대학원 석사 학위 논문, 2020.

민주주의는 원래 쉬운 게 아니야

반은 맞다. 학생들은 자치 활동을 통해 민주시민성을 높이는 경험을 하고 있었다. 학생을 학교 구성원으로 존중하는 학교와 교사들이 보내는 지지 속에서, 학생들은 자치, 자율, 책임, 주체성, 권리 의식, 공동체 의식, 의사소통 능력 같은 민주 시민의 자질을 배우고 있었다.

임원 1 학생회를 통해 (학생이) 주도적으로 할 수 있는 것들을 배워서 지금까지 도전하고 있는 거 같습니다.

임원 11 저는 고집이 초등학교 때 되게 셌었어요. (심지어) 제 답이 틀렸어도 무조건 내가 옳다고 그걸 쭉 밀어붙였어요. …… 얘기 많이 하잖아요. 우겼는데 '이건 좀 그렇다. 아니, 이것도 괜찮은데 내 것보다 좋은 게 있을 수 있구나' 하면서 뭔가 제 것만 밀고 나가는 그렇게 좀 낮아진 것 같아요. …… 여러 명이 함께 회의하면 의견도 교차되고 충돌하는 게 있잖아요. '이 사람은 아 나랑 되게 다른 생각하고 있네.' 또 부딪치면서 더 커져서 엄청 좋은 의견이 나올 수도 있으니까. 그런 게 좋아서.

반은 틀렸다. 오히려 민주시민성을 낮출 수 있는 경험도 많았다. 혁신학교라고 해서 학생 자치가 저절로 좋은 민주 시민 교육으로 이어지지는 않았다. 몇 가지 사례를 보자.

학생들이 전반적으로 민주 시민으로서 갖춰야 할 자질이 성숙하지 않아서 학급회 등 각종 회의가 잘 되지 않고, 소모적인 갈등이 일어난다. 또한 책임감이 낮은 몇몇 임원의 독단이 비민주적인 의사 결정으로 이어진다. 학년, 부서, 구실이 다른 임원들 사이에 자유롭고 평등한 관계에 바탕한 소통이 활발히 진행되지 않는다. 특히 학년 사이의 권위주의적 위계가 뿌리 깊게 자리잡고 있다. 학생회 내부의 과두화가 점차 강화되고, 그 밖의 다수 임원들은 소속감을 못 느낀다.

임원 11 ○○회의를 하는데, 제가 앞자리이기도 해서 학급회장 진행을 도와줬어요. 의견을 많이 냈어요. 그런데 저희 반 애 한 명이 자기가 회장, 부회장도 아니면서 나댄다고……. 이걸 왜 나댄다고 생각하는 거지? 의견을 낸 건데.

임원 20 그러니깐 너무 많이 싸우더라고요. 너무 많이 싸워서 좀 많이 힘들긴 한데 …… (그리고) 공과 사를 구분하는 게 힘들어요. …… 친구들끼리 있어도 '쟤 (학생회 일에 대해) 약간 그랬었어. (문제가 있었어)'라는 (시선이) 따라붙어요. …… 저도 똑같이 어유 (대응) 하고.

임원 22 ○○○이 (직책에 맞게 역할) 하지 않아요. …… 자기 하고 싶을 땐 또 다 나오더라. 그걸로 인해 나는 이제 회의를 나오든 안 나오든 상관이 없구나. 이건 필수가 아니라 선택이다.

임원 31 자기는 (미리) 공지한 것도 없는데 모이라 해서, 이제 늦게까지 남겨놓고. 3학년들끼리 다 먹고 이제 둘이 싸워요. 3학년들은 다 알지도 못하는데, 애들끼리 모여서 핸드폰 하고 있는데, 무슨 얘기하는지도 몰라요. 그런데 안 알려줘. 이게 문제야.

임원 5 맞아요. 서로 되게 경쟁을 한다니까요. …… 부장들 사이에서 짱이 되고 싶은 거예요. 권력이 높고 싶은 거지.

임원 6 뭔가 나보다 경력이 없다고 해서 나보다 더 늦게 들어왔다 해서 더 깔보는 게 있거든요. 지금 1학년 때부터 한 애들이 …… 그래서 1학년 애들 의견을 무시하고 그런 거예요. '난 오래 했고, 노하우가 있으니깐 내가 더 나아. 1학년이 뭘 안다고' 그런 거 같아요.

임원 6 그렇죠. 그런 식으로 작년에 해서 (올해도) 그런 거 같아요. 그리고 너무 1, 2학년 애들의 의견을 안 들어주게끔 만드는 거 같아요. …… (후배들이 스스로) 자기 생각이 틀렸다(라고 생각하는 거 같아요).

연구자 왜 그런 생각을 가지게 되는 걸까요?

임원 6 그냥 말하기 전에 위축이 돼요.

임원 5 그 (말하기 어려운) 분위기가 있어요. 설명하긴 어려워요.

임원 24 분위기가 안 좋아요. 뭔가 강압적이라 할까. 뭔가 의견을 듣는 거 같은데, 안 들어요.

임원 22 지금 딱 학생회 체제가 어떻게 되고 있냐면, 결정하는 거는 부장들이고, 일하는 건 차장들과 부원이에요. …… 행사 때도 엠시를 자기들 마음대로 정해서. …… 다음 회의 때 부장은 부장

끼리, 부원은 부원끼리 하는 거 어떨까요? …… 학년끼리 하면 개
네들끼리 좀 말할 거잖아요.

　가만히 보자, 어디서 많이 본 문제들이다. 구성원 다수가 공공
의 일에 관심 갖고 참여하는 시민성을 갖추기 어려운 여건, 차이
가 차별로 이어지는 평등하지 못한 관계, 효과적인 소통 방식의
부재, 권력이 점점 소수에게 쏠리는 현상. '민주주의'라는 이념이
갖는 본질적인 어려움이자 극복해야 하는 과제가 아닌가. 아이
들이 미성숙해서 민주주의가 어려운 게 아니라, 민주주의를 처음
배우는 과정에서 생길 수 있는 아주 자연스러운 모습이었다.
　학생들 사이의 직위와 나이, 경력의 차이에서 비롯된 권위주의
적 문화가 특히 놀라웠다. 학생회가 지닌 더 많은 권한은 공동체
에 관한 더 많은 헌신과 책임감을 전제하지만, 팔뚝에 '완장' 차
고 사람들을 부리는 자리로 잘못 이해하는 임원들이 있었다. 어
디에서 배웠을까?
　태어날 때부터 권위주의적 디엔에이DNA를 지닌 학생일 리는
없다. 우리 사회, 가정, 학교 등에 잠재된 권위주의 문화를 학습
한 걸까? 자기가 보고 자란 숱한 관계 속에서 직간접으로 배우
지 않았을까? 우리 사회에는 아직 일상의 민주주의가 자리잡지
않았다. 권위주의의 잔재는 여전히 짙다.

우리 안의 권위주의를 비추는 불편함

2019년 말. 학생회가 주관하는 교내 1박 2일 야영이 예정됐다. 전 교생을 대상으로 신청을 받아서 40명 안팎의 야영 대상자를 선발한다. 학생회 임원들이 신청서를 바탕으로 선발한 40여 명을 발표하고, 그 명단을 첨부해 세부 일정, 지출 계획, 안전 지도 계획을 짜야 한다. 그런데 명단이 이상하다.

학생회 임원들에게 묻는다.

나 왜 3학년이 신청자가 가장 적은데, 야영 대상자 대다수가 3학년이네요?

임원들 3학년이 곧 졸업하기도 하고, 3학년이 1, 2학년일 때도 선배들이 그랬어요.

나 야영의 목적인 학년을 아우르는 친목과 공동체 문화를 만드는 거라고 하지 않았나요? 이전에 선배들이 그랬다고 올해도 그렇게 하자는 것도 설득력이 없네요.

학생들 말 속에 우리 안의 권위주의, 나이가 '갑'이 되는 한국 사회가 담겨 있다. 학생들은 권위주의적 위계 문화 (또는 방종하는 자유만 누리는) 공동체만 경험했다. 민주주의 공동체를 경험한 적이 없으니 민주주의를 실행하는 데 서툴 수밖에 없다.

여러 번 협의를 하면서 임원들은 자기 안의 권위주의를 비추

야영 대상자 선정에 대한 자치 담당 교사들의 의견

○ 야영에 많은 관심과 참여 신청에 감사합니다.

(총 75명: 1학년 40명, 2학년, 12명, 3학년 23명)

○ 학생회 임원들은 참여자를 "3학년을 우선 모두 선발하고, 남은 자리에 1, 2학년을 채운다"는 기준으로 정했습니다. 이는 선후배 간 친목 도모라는 행사의 취지와 평등한 관계, 다양성이라는 학생자치가 추구하는 바와 전혀 맞지 않습니다.

○ 이에 우리 학교 자치 담당 교사들은 긴급 회의를 열어 논의하여, 행사의 취지에 맞지 않은 선발 과정을 통해 이뤄지는 야영의 진행은 불가하다는 결론을 내렸습니다.

○ 대안으로, 1) 학년별 신청자 수 대비 동일 비율 선발(1학년 24명, 2학년 7명, 3학년 14명), 또는 2) 각 학년당 동일한 인원 선발이 최소한의 합리적인 결정이라 생각합니다.

○ 작년까지 3학년을 우선 뽑아왔다면, 이전의 잘못된 학생회의 전통을 비판·반성하고, 민주적이고 합리적인 새로운 전통을 세우는 것이 발전하는 학생회의 모습입니다. 항상 그래왔다고, 늘 잘못된 기준을 이어가는 건 납득하기 어렵습니다.

○ 행사 준비로 고생하는 학생회 임원들에게 미안한 마음입니다. 추후 합리적인 안을 마련하여 다시 제시하고, 선정자를 확정할 수 있다고 생각합니다.

는 불편함을 드러낸다. 교사들은 그런 생각은 옳지 않다고, 그런 생각이 우리가 욕하는 어른들의 '꼰대적 발상'의 하나일 수 있다고 반박한다. 학생회 임원들은 자기들 뜻을 관철하려고 좀더 그럴듯한 근거와 대안을 준비해온다. 그렇게 논쟁하면서 민주주의의 의미와 절차를 막연하나마 생각해본다. 논쟁 과정이 '자치'를 하는 과정이다.

민주적 공동체는 완성된 모형이 아니다. 학생들은 자율과 책임, 자유로운 의사소통, 권한의 분산 등 민주주의의 가치를 학생회, 학급회, 동아리 등 학교 안 여러 단위에서 실행해볼 수 있지 않을까. 학생들이 자기 삶의 문제를 돌아보고 생각할 수 있는 기회를 얻고, 성과를 향한 집착을 버리고, 지지부진하거나 역행하다가 기성 문화에서 어긋나도 보고, 치열하게 논쟁해보는 건 어떨까. 학생들이 더 많은 권한을 지니면서 주체적인 고민과 결단을 하고, 책임을 져보게 하는 건 어떨까. '자치'가 학교 운영의 원리가 되고, 자기 삶의 원리가 되는 상상을 한다.

자치에 가치를 더하다

'자치'에 '가치'를 담아보자. 다원주의 사회라고 해서 모든 생각이 다 존중받을 수는 없다. 인류가 아픈 역사를 겪으면서 이룩한 인간의 존엄성, 자유, 평등이라는 '보편적 가치'들이 있다. 교사가 학생에게 특정한 생각을 주입하는 행동은 경계해야 하지만, 보편적 가치에 관해 대화하는 일은 교사의 마땅한 직무다.

현재를 사는 대부분의 사람들은 보편적 가치를 자기 손으로 쟁취하지 않았다. 이전 세대가 얻어낸 산물을 우리는 마치 언제나 주어져온 권리인 양 누리고 있다. 그래서 그런 가치가 얼마나 소중한지 충분히 곱씹는 일은 어렵다. 사회 수업에서 이런 내용을 가르치지만, 의미와 사례의 나열에 그치기 쉽다. 인간을 향한 존중, 예의, 연대를 학생 자치로 돌아볼 수 있을까.

인간을 향한 기본 예의가 눈앞에서 짓밟힌 사건이 있다. 세월호 참사. 함부로 말하기 어려운 이야기다. 여전히 슬픈데, 무심코 한 말이 아파하는 사람들에게 또 다른 상처를 줄 수 있을지도 모른다. 그러나 두렵다고, 잘 모른다고 아예 이야기하지 않는 건 능사가 아니다. 아픔은 말로 하지 않는다고 사라지지 않는다. 조심스럽지만 이야기해야 한다.

아니, 더 적극적으로 말해야 한다. 그날의 충격에 각자의 해석을 녹여, 계속해서 여러 방식으로 표현해야 한다. 역사의식은 역사 교과서의 흐름하고 반대 방향이다. 역사 교과서는 단군 할아버지에서 시작해 대한민국에 이르지만, 역사의식은 현재에서 시작해 과거로 향할 수 있다.

2014년의 4월 16일을 곱씹는 역사의식은 1987년의 6월 10일이 되고, 다시 1980년 5월 18일과 1960년 4월 19일이 된다. 거꾸로 4·19, 5·18, 6·10의 기억은 4·16에 역사적 의미를 부여한다. 누군가에게는 제주의 4·3이, 다른 누군가에게는 1970년 평화시장의 전태일이 온다. 그래서 현재 진행형인 4·16을 자기 방식으로 기억하고 표현해야 한다. 그런 기억과 표현들이 모여서 진실에 가까워진다.

그날이 잘 기억나지 않는다. 뉴스 속보를 흘려들으면서 특별한 일은 아니겠지 생각했다. 특별하게 끔찍한 날이 되리라는 서

1. 사회 현상의 이면과 본질을 바라보는 시각
  - 중세의 마녀사냥, 사고와 사건의 구분
2. 사회역사적으로 세월호 보기
  1) 세월호와 마녀사냥: 마녀와 마녀라고 가리키는 자
  2) 세월호가 사고가 아닌 '사건'인 이유
    안전과 생명보다는 돈과 효율성을 우선하는 제도와 관행
    관피아·해피아의 행태
    잃어버린 골든 타임과 컨트롤 타워의 실종(지휘 체계 부재)
    언론의 왜곡 보도와 국민의 알 권리 무시
3. 슬픈 역사를 반복하지 않으려면
  - 우리가 흘리는 눈물의 의미는······?
    단순한 연민이 아닌, 부정의·부패 등에 눈감아서 형성된 사회에 대한 반성
    돈·욕망·성공·경쟁에 사로잡혀 온 나 자신에 대한 반성

늘함을 다음날, 그 다음날에 서서히 느꼈다. 해프닝이 아닌 '사건'이었고, 우리 사회에서 볼 수 있는 온갖 부조리의 총합이었다. 합동분향소에 가서 추모했고, 유가족과 시민단체하고 연대한 집회와 행진이 이어졌고, 팽목항을 갔다. 내 일 아닌 데에는 굳이 무관하려 해온 내가 세상사에 처음으로 반 발짝 들어간 시간이었다. 그렇게 1년이 갔다.

세월호 1주기. 진실은 여전히 밝혀지지 않고 있다. 세월호를 기억하면서 내가 할 수 있는 일은 감정의 소용돌이 밑에서 진지하게 들여다볼 문제들을 나누는 수업이었다. 세상의 어떤 문제

들이 사건을 만들었는지, 그 문제들은 사람들의 어떤 욕망에 기대고 있는지, 진실을 가리려는 자는 누군지, 왜 가리려 하는지, 우리는 어떤 세상을 바라는지 이야기한다.

안전'일제'주의에서 세월호를 구출해야

2019년 3월 말, 세월호 참사 5주기를 앞두고 있다. 학생회가 추모제를 준비한다. 매년 하듯이 리본을 달고, 편지를 쓰고, 추모시를 읊으면 될까. 준비하는 아이들은 어떤 마음일까. 관례대로 치르는 행사일 뿐일까. 형식적인 시간으로 보내고 싶지는 않다.

두 가지 생각이 든다. 한없는 슬픔에 잠시라도 함께 모두 깊이 관여하는 '의식^{ceremony}'을 치르는 게 좋을까. 그런 의식은 사람들의 슬픈 감정을 함부로 건드리는 게 아닐까. 세월호 추모제는 어둡고 감당할 수 없는 슬픔을 한 사람에게 던진다. 내가 직접 경험하지 않은 슬픔을 내 안으로 들이는 시간은 되게 힘겹다. 내게 세월호 참사는 마주해서 극복하고 싶은 모든 사회 문제의 총합이지만, 감정적으로 감당하기 어려운 대상이다. 그래서 이 둘의 접점을 찾아야 한다.

마음의 짐이 돼 똑바로 보지 못한 슬픔의 대상을 차분하게, 정면으로 응시해보면 어떨까. 슬픔에 더해 각자의 트라우마를 치유하는 과정이 될 수 있을까. 그날의 아픔을 상기하되, 슬픔의

세월호참사 5주기 추모공간 '기억교실' 안내(학급배포용)

학생자치부

1. 개요

장소: 글향기 북카페

기간: 4.16.(화) 8시~16시(북카페 앞 복도 쪽 전시는 일주일간 게시함.)

2. 추모 시간

– 등굣길: 기억교실로 안내하고 추모(정보관 서편 계단 일시적 개방)

– 창체, 독서 시간에 교과수업하시는 선생님들의 자체 지도계획에 따라 진행

(개인적으로 쉬는 시간, 점심시간에 추모할 수 있게 개방함.)

3. 추모 방식

– 기억교실을 둘러보고, 소감을 편지지에 써서 게시하기

(세 가지 주제 중 하나를 골라서 적기)

추모의 글	그날의 희생자를 애도하는 글. 기억교실 전시 후 유가족에게
바람의 글	"나는 이런 세상을 꿈꾼다." 참사가 일어나게 된 사회문제, 그 문제들이 어떻게 해결됐으면 좋겠는지 적기
다짐의 글	그런 바람을 이루기 위한 나와 우리의 노력

4. 공간 구성(학생회가 함께 구성)

1) 빔프로젝터로 학생들 인터뷰, 뉴스, 다큐 등 재생하기

2) 추모의벽, 바람의벽, 다짐의벽 분할과 전시

3) 전시물: 편지, 현수막, 추모종이리본, 추모스테인드글라스(미술수업과 연계)

5. 기타

– 계기교육, 추모시, 선생님과 학생들이 쓴 추모글 전시

세월호 기억교실 모습. 학교의 일상에서도 학생들하고 나누는 대화에서, 수업에서, 공무 지침에서 세월호 안 상황에 놓인다. 그렇다면 다시, 가만히 있는 게 맞나. 가만히 있으면 안 될까.

격정에는 거리를 두고 차분히 바라보며, 추모의 '형식'을 넘어선 '사회적 아픔의 치유'로 다가가기 위해 추모 공간을 재구성하고 싶었다. 덜 무겁게, 그렇지만 가장 민감한 아픔을 만나는 시간을 가지고 싶었다.

안타깝게도 관료제는 지난 시간 동안 세월호를 안전'일제一齊' 주의로 다뤄왔다. 많은 안전 교육 지침, 안전에 관한 서류와 절차들이 학교와 교사의 교육 활동을 움츠러들게 한다. 이런 상황은 세월호가 우리에게 건넨 '안전'에 관한 교훈을 왜곡한다. 참사는 교사와 학생의 안전 불감증 때문에 일어나지 않았다. 오히려 더 성숙한 시민의식을 발휘했는데도 일어나고야 말았다. 세월호의 교훈은 안전이라는 이름으로 딱딱한 문서와 형식적 절차에 덧칠하는 데 있지 않다. 형식에 얽매인 대응은 '안전한 사회'를 위해 우리가 무엇을 어떻게 해야 하는지를 가릴 수 있다. 학생이 제도와 관행에 비판 의식을 지닐 수 있고, 학교와 교사가 마음 편히 다양한 교육 활동을 펼칠 수 있는 안전한 환경을 마련해야 한다는 게 세월호가 전하는 진짜 교훈이 아닐까.

"가만히 있으라."

기울어가는 세월호 안에서 나온 선내 방송이다. 가만히 있어야 할까. 가만히 있으면 안 될까. 교사는 이러지도 저러지도 못하고, 내 책임인지 무책임해야 하는지, 찰나에 판단을 내려야 한다. 학교의 일상에서도 학생들하고 나누는 대화에서, 수업에서, 공무 지침에서 세월호 안 상황에 놓인다. 학교와 교사를 힘든 상

황에 몰아넣고는 묻지도 따지지도 말고 잘 따르라 한다. 그렇다
면 다시, 가만히 있는 게 맞나. 가만히 있으면 안 될까.

결국 지금 교사로 살아가기는 세월호를 마음에 두고 살아가
기가 아닐까. 세월호는 우리의 생각과 행동에서 재구성해야 하
는, 끝나지 않은 이야기다.

8장
시민사회의 짙은 점, 혁신학교

혁신학교로 가다

내가 지금까지 근무한 학교 두 곳은 비슷한 듯 참 달랐다. 한 행정 구역에 속했고, 공립 학교이면서 학교 규모도 비슷했지만, 교육 활동을 담는 그릇의 크기는 아주 달랐다. 첫 학교는 교사들의 열정과 능력이 대단해서 여러 교육 사업과 활동이 운영됐지만, 연계나 조율이 없었다. 교사들은 각자의 일을 아주 열심히 하다가 각자 소진됐고, 자발적으로 만든 수업 연구 모임은 한 학기도 채 가지 못하고 흐지부지됐다.

그래서 혁신학교로 지정되기를 바랐다. 혁신학교라는 그릇이 교사들의 열정을 잘 정돈해서 담아낼 수 있다고 생각했다. 책이나 언론, 혁신학교에 근무하는 선생님들이 전하는 경험담, 탐방을 가서 살펴본 혁신학교는 그냥 학교하고는 달라 보였다. 일반

일반 학교와 혁신학교의 특징 비교

	일반 학교	혁신학교
교육 원리	경쟁, 효율성	협력, 지속가능성
학교 운영	수직적, 관료적	수평적, 민주적
교육과정	입시 중심, 국영수 중심	진로 중심, 전인 교육
학력	서열 중심, 수월성	역량 중심
교원 정책	교원의 대상화	교원의 자발성 존중
……	……	……

학교에 견줘 혁신학교가 지닌 특징을 살펴보자.* 혁신학교는 일반 학교의 경쟁, 효율성, 수직적, 관료적 문제를 극복하고자 협력과 지속가능성의 교육 원리, 수평적이고 민주적인 학교 운영을 지향한다. 특히 학교 운영 전반에 걸친 구성원 다수의 참여와 토론 등 민주적 절차를 중요한 학교 문화로 추구한다(혁신학교들 사이에 질적 차이가 있지만, 여기서는 다루지 않는다).

우리 학교도 혁신학교로 지정돼 구성원들 사이의 민주적 논의를 바탕으로 학교의 새로운 모습을 함께 그리고 싶었다. 교사들의 열정이 산발적으로 흩어지지 않으면서, 서로 연계하고 조정할 수 있지 않을까. 교육과정, 교과, 비교과, 특색 사업이 유기적으

---

* 이중현,《혁신학교는 지속 가능한가》, 에듀니티, 2017, 83쪽.

로 연결되는 틀을 만들고, 뜻은 좋지만 우리가 감당할 수 없거나 시급하지 않은 교육 사업은 과감히 없앨 수 있지 않을까.

혁신학교로 지정되려면 두 가지 절차를 거쳐야 했다. 교직원 과반수 또는 학부모 과반수가 동의하면, 학교운영위원회(학운위) 안건으로 상정되고, 여기서 과반수가 찬성하면 지정 신청을 할 수 있다. 혁신학교를 원하는 이유는 조금씩 달랐지만, 교직원 의견은 3년 연속 70퍼센트 안팎으로 찬성이었다. 그러나 해마다 교사위원과 학교장, 학부모위원, 지역위원으로 구성되는 학운위에서는 부결됐다. 나는 그중 2년 간 교사위원으로 참여해 혁신학교를 찬성하는 발표도 했지만, 부결되는 모습을 가까운 자리에서 지켜보는 데 그쳤다.

내가 볼 때는 되게 이상했다. 변화에 소극적일 수 있는 교사들이 자발적으로 변화하려고 한 모습도, 열성적인 교사를 응원하고 지지해줘야 하는 분들이 오히려 적극적으로 거부하는 모습도 이상했다. 그러나 이내 미련을 버렸다. '세상은 원래 내 생각대로 돌아가는 게 아니야.' 정기 전보로 혁신학교 8년 차 학교로 갔다.

그냥 학교와 혁신학교 사이에 생략된 괄호

두 번째 근무하는 학교는 그리 유명한 혁신학교는 아니었다. 그러나 내부자가 되니 이전 근무 학교를 금방 잊게 할 정도로 확연

○ 행정 업무 간소화(업무 정상화)

- 부장, 교감 전결 최대한 활용(결재 라인 단순하게)

- 수기와 파일로 이중으로 하는 결재와 서류 없음

- 실무사 선생님들의 적극적인 행정 업무 지원

- 교무실: 복합 프린터기, 컬러 프린터 비치, 해당 학년의 교실과 학년부 교무실

  근거리 배치

○ 학교 문화

- 성과급 제도에 대한 문제의식 공유

- 뭐라 눈치 안 주는 근태: 조퇴·연가·출장 시 구두 보고 관행 없이 (학사 운

  영에 지장이 없는 내에서) 자유롭게 사용

- 동료 선생님들의 전문성과 열정, 협력적 마음, 그리고 활성화된 수업연구회

- 수업연구모임 행정적·재정적 지원: 학사력에 교사연구모임 공식 표기, 충분

  한 운영 예산 지원 등

- 학부모님들의 수업 공개, 협력 활동 등 수업과 학교 운영 방향에 대한 관심과

  지지

- 학생회(학생 자치) 활동이 학교에서 중심이 되는 분위기(혁신학교 예산의 30

  퍼센트 책정)

○ 수업과 학생 생활

- 전체 교사 주당 수업 시수 평균 16시간, 최대 18시간 이하

  → 초과시 강사 선생님 채용 또는 담임 업무 배제(또는 행정 업무 부담 경감)

- 학년부 체제: 담임 외 행정 업무 최소화하고 모든 담임 교사가 한 교무실(학

  년부실) 사용

- 교실: 극단 초점 빔 프로젝터(눈부심 없음), 모둠 수업 교구 세트 비치 등

- 환경 정화 예산 확보: 방학 중 전 교사 바닥 물청소, 에어컨·선풍기 세척, 커

  튼 세탁 등

히 달랐다. 8년 동안 혁신학교를 운영하며 '학생 만남'과 '수업'이라는, 교사가 가장 충실해야 할 일들(이지만 그동안 충실하지 못해온 일들)을 중심으로 학교를 운영하려고 노력한 교사들의 시간이 여기저기 스며들어 있었다.

워낙 많은 사업이 정책과 법령 등으로 강제되는 제도권 속 공립 학교라서 여전히 산만하기는 했지만, 그래도 교육 활동이 꽤 정돈돼 있었다. 행정 업무도 간소화돼 있었고, 관행상 하던 필요 없는 '문서주의'가 획기적으로 적었다. 문서와 절차를 무한 생산하는 특기를 지닌 학교에서, 관행을 벗어난 아주 사소한 시도라 하더라도 정말 대단한 일이라고 생각했다. 전보를 온 뒤 반년 동안 일반 학교에 견줘 행정 업무, 학교 문화, 수업과 학생 생활에서 무엇이 다른지 메모해봤다.

여기서 생활하는 '나'의 변화도 느껴졌다. '학생'과 '수업'을 둘러싼 대화가 많아졌다. 왜 대화가 늘었을까. 행정 업무가 쏟아지는 일반 학교에서는 업무를 하는 모니터 화면을 하루 온종일 쳐다봐야 했다. 행정 업무를 거둬낸 혁신학교는 교사에게 '빈 공간'을 마련해줬고, 교사들은 그 여유를 학생들에 관한 대화로 채워나가고 있었다.

혁신학교는 혁신학교 예산으로 이것저것 사업을 벌여서 '혁신적'인 게 아니었다. '일반 학교 문화→혁신 문화' 식으로 바로 변화하는 게 아니라, '일반 학교 문화→비워내기→혁신 문화'처럼 중간 과정이 있었다. 국가 관료제의 강제를 무조건 떠맡지 않고,

나름의 기준을 세워 선별하고 통합하면서, 구성원들이 주체적으로 생각하고 실행할 수 있는 '빈 공간'을 만들어냈다.

'상대적 자율성'을 가진 시민사회, 그곳의 학교

혁신학교도 국가 관료제 말단의 단위 학교이기 때문에 무작정 장밋빛 희망을 품기는 어렵다. 근대 사회의 출현하고 함께한 시민사회, 그 안의 학교는 수동, 타율, 강제, 규율의 공간이었다는 사실을 다시 떠올린다.

혁신학교에서 생활하다 보니 '태생이 글러먹은 학교'라던 단정적인 생각이 조금씩 바뀌기 시작했다. 혁신학교는 학교를 짓눌러온 구조 모순에서 자유로워져 새로운 공간으로 다시 태어날 수 있지 않을까. 거대 이데올로기가 짓누르는 태생을 벗어나, 자율과 민주주의 공동체인 학교를 상상할 수 있을까.

이런 상상은 '시민사회'를 재인식하는 데에서 시작해야 했다. 근대 초기의 시민사회론하고 다르게 현대 시민사회론은 시민사회의 '상대적 자율성'에 주목했다. 학자들은 좀더 복잡하게 전개되는 현대 사회에서 시민사회가 국가 또는 시장하고 구분되는 '제3의 영역'이 될 수 있다고 봤다.

시민사회의 이러한 가능성은 로버트 퍼트넘Robert D. Putnam, 안토니오 그람시Antonio Gramsci, 위르겐 하버마스Jürgen Habermas의 논의를

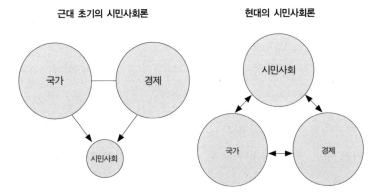

근대 초기의 시민사회론

국가 — 경제

시민사회

현대의 시민사회론

시민사회

국가 ↔ 경제

시민사회의 '상대적 자율성'에 주목한 현대 시민사회론

퍼트넘
(신토크빌주의자)

미국 민주주의의 핵심을 구성하는 종교 단체, 동호회, 사회단체 같은 결사체의 '시민적 자율성'에 주목한 토크빌의 주장에 동의해요. 시민 사회는 권위주의적 국가와 전제적 시장을 견제하면서 사회적 유대를 강화하고 사회적 규범을 공고화할 수 있어요.

그람시

시민사회는 피지배 계급의 동의나 헤게모니(지적, 도덕적, 정치적 지도력)를 통해 지배가 일어나는 공간입니다. 그렇지만 지배 계급의 헤게모니와 자본주의 국가를 향한 동의를 해체하고 대항 헤게모니를 구축하는 '진지전(war of positon)'을 할 수 있는 곳이기도 하죠.

하버마스

'체계'는 복지 행정이나 시장의 효율성을 우선시하는 목적 합리성에 따라 작동하는 반면, '생활세계'는 구성원들의 합리적 의사소통에 따라 움직입니다. 그러나 점차 체계가 생활세계에 침투함으로써 의사소통적 합리성이 억압되는 '생활세계의 식민화'가 나타나죠. 그렇지만 의사소통적 합리성은 완전히 사라지지 않으며, 생활세계의 식민화에 맞서 자율성을 보호하는 것이 사회운동과 공론장의 중요한 구실입니다. 시민사회에서 환경운동, 여성운동, 생활공동체 운동 같은 의미 있는 시도가 나타나는 걸 보세요.

거치며 뚜렷해진다.* 시민사회는 '자발적으로 결성된 시민단체들이 다원적 요구를 표출'(퍼트넘)하는 곳이나, '다양한 세력이 도덕적 동의를 얻기 위해 헤게모니 싸움'(그람시)을 할 수 있는 곳이나, '생활세계의 의사소통적 합리성이 통용되는 공론장'(하버마스)으로 새롭게 인식된다. 이런 주장들은 세세한 부분에서는 다르지만, 모두 정치(관료제, 권위주의)와 경제(자본주의)하고 구분되는 제3의 영역으로서 시민사회의 '자율성'에 의미를 둔다.

특히 하버마스는 시민사회를 '국가'와 '경제'하고 구분되는 '문화적이고 일상적'인 영역으로 봤다. '체계-생활세계' 도식을 보자. '체계'는 화폐를 매개로 하는 '자본주의 시장경제'(경제 체제)와 권력을 매개로 하는 '관료적 복지국가'(행정 체계)이며, 효율과 행정을 우선하는 '목적 합리성'에 따라 작동한다. 반면 '생활세계'는 '사적 영역'과 '공적 공론장'으로 분화되며, 구성원들의 '합리적 의사소통'에 따라 움직이는 공간이다.

현대 사회로 올수록 '체계'가 '생활세계'에 침투하면서 의사소통적 합리성이 억압되는 '생활세계의 식민화'가 나타나게 된다. 구조 모순이 학교와 교사의 일상을 뒤트는 모습이 바로 생활세계의 식민화가 아닐까. 관료제, 권위주의, 능력주의의 '체계'가 교사의 '생활세계'를 괴롭히는 셈이다. 그러나 의사소통적 합리성은 완전히 절멸되지 않으며, '사회운동'과 '공론장'이 생활세계의

---

* 비판사회학회 엮음, 《사회학 ― 비판적 사회 읽기》(제2판), 한울아카데미, 2014, 451~455쪽.

식민화에 맞서 시민들의 자율성을 보호하는 중요한 구실을 한다. 곧 '생활세계의 의사소통적 합리성'이 체계의 강제에 맞서서 우리를 지켜낼 수 있다는 말이다. 거시 구조의 강제에 맞선 대응은 '합리적 의사소통'이 발생하는 일상의 공론장에서 일어날 수 있다. 그리고 '생활세계의 의사소통적 합리성'이 발휘되는 기초 단위 중에 '학교'가 있다.

다시 '빈 공간'을 만들어야

2018년 2학기. 우리는 '학교장 없는 학교'를 경험하는 '행운'을 누렸다. 내부형 교장 공모제가 파행하면서 학교장이 없는, 게다가 교감 선생님도 장기 출장을 간 '관리자 없는 학교'를 경험했다. 교사들의 도덕적 해이^{moral hazard} 때문에 학교 운영이 무너졌을까? 아니었다. 막연한 두려움이 각자의 마음속에 있었지만, 아무 일도 일어나지 않았다. 심지어 사고 치던 학생들도 알아서 조심했다. 여러 선생님들이 안정적으로 이끌어주신 덕이 가장 컸지만, 이때 두 가지 사실을 알았다.

첫째, 학교는 관리자가 없이도 잘 돌아간다. 우리는 각자의 책임감과 사명감을 발휘해 알아서 잘한다. 교사를 못 미더워하는 선입견에서 비롯된 성과급, 교원평가, 가산점, 징계 등 규율과 통제 때문에, 우리는 자기 자신을 못 미더워할 지경이 되기도 한다.

그렇지만 교사는 자율성을 가지면 그 이상의 책임감으로 이 빈 공간을 꽉 채우는 사람들이다.

둘째, 좋다는 교육 활동도 우리가 지치면 의미가 없다. 아무리 취지와 내용이 좋은 교육 활동도 우리가 능동적으로 다가가지 않으면 목표에 이르지 못한다. 그때는 소규모 학교인데다가 학생 수가 해마다 크게 줄어들어 교원 수도 따라서 줄고 있었다. 그런 탓에 행정 업무를 간소화해도 교사당 업무 부담이 늘어나고 있었고, 교사들이 감당하기 어려운 교육 활동이 여기저기 적체돼왔다(그래서 연말 평가 워크숍 때 교장님도 없고 교감님도 전보 가는 마당에 우리가 소화하기 어렵다고 생각하는 교육 프로그램을 과감히 없앴다).

이런 교훈을 되새겨보면 혁신학교가 의식적으로 할 일은 '비우기'다. '교사→혁신'이라는 도식에 비우기를 넣어 '교사→비우기→혁신'이라는 도식을 다시 떠올린다. 학교는 관성 때문에 무의미하게 계속하는 일들이 많다. 지금 우리가 더 덜어낼 일들이 무엇인지, 계획에도 없는데 교사의 일상을 힘들게 하는 게 무엇인지, 온전히 교육 목표에 집중하게 할 수 있는 효과적인 방안이 무엇인지, 계속 찾아보고 끊임없이 비워야 한다. 그래야 자율에 기반한 '진짜 교육'이 채워진다. 혁신학교는 어떤 선도적인 목표나 이상을 먼저 제시하고 앞장설 필요가 없다. 그냥 교사들이 안정적인 교육 활동을 펼칠 수 있게 지원하고, 새로운 시도를 편하게 해볼 수 있는 여건을 마련하면 된다. 혁신적인 변화는 함께 고민하고 공감하면서 교사들 사이에 고민들의 연결 고리를 잇는 정도로 충분하다.

함께 마음껏 상상하고, 시도하고, 갈등하고, 깨지고, 다독이고

'빈 공간'을 어떻게든 만들려 시도하면서, 이제 생활세계의 의사 소통적 합리성이 학교 운영의 원리로 스며들게 해보자. 먼저 모든 교직원이 참여하는 전교직원회의에 최고 의사 결정 기구의 위상을 부여한다.

 권위주의 문화에 젖은 학교는 반세기 넘게 학교장을 꼭대기로 하는 하향식 일방향 의사 결정의 흐름을 유지했다. 이 흐름을 거꾸로 뒤집는다. 관리자는 의사 결정 권한을 독점하지 않는 행정 실무형 전문가가 된다. 부장회의, 협의회, 위원회, 각종 태스크포스는 전교직원회의를 대리한 효율적인 소규모 회의 단위로 기능한다. 그리고 전교직원회의는 여러 회의에서 제기되고 다듬어진 주장과 안건을 논의에 올려서 설득과 논쟁을 거쳐 의사 결정을 하는 최고 의결 기구의 구실을 한다.

 '민주주의'와 '자율인'은 서로 기댄다. 공론장이 강화될수록, 개인의 자유는 커진다.* 공공의 일에 관심을 갖고 참여하는 '자

---

* 김현경, 《사람, 장소, 환대》, 문학과지성사, 2015, 203쪽.

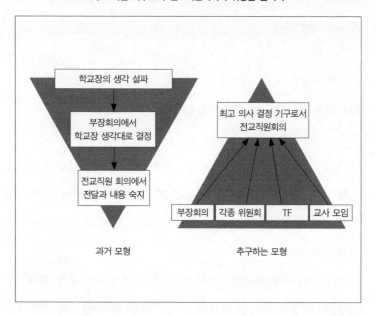

유롭고 평등한 개인', 곧 '시민'이 민주주의 공동체를 만든다. '민주주의의 최대의 적은 약한 자아*라는 테오도르 아도르노의 말을 유념하면서, 우리는 '자율인'으로 성장해간다.

자율인으로서 개인은 사려 깊은 판단, 자기 성찰적 사고, 의식적 판단 능력을 갖춘다. 주어진 문제 상황을 숙고하고 판단하며, 문제를 해결하기 위해 적극적으로 생각하고 행동한다. 공동의 논의라는 아주 어려운 과정을 거쳐 나온 결론이 옳은 결정이

---

* 김누리, 《우리의 불행은 당연하지 않습니다》, 해냄, 2020, 113쪽.

라는 믿음을 공유한다. 학생 이전에 교사인 우리부터 시민이 되는 과정이다.

당연히 혁신학교는 무슨 '천국'도 아니고, 이상향이 그대로 실현되는 공간도 아니다. 국가 관료제와 권위주의(정치), 선별과 배제의 입시 경쟁(경제)이라는 '체계'가 강제하는 '생활세계의 식민화' 속에서 '찻잔 속 태풍'에 그칠 가능성도 여전히 높다. 지금도 교사들 사이의 소통이 생각보다 부족한데, 혁신의 방향과 정도를 둘러싼 이견과 논쟁, 미세한 권력과 위계의 작용, 사소해 보이는 문제까지 안건으로 삼는 방식이 주는 피로감 등 문제가 하나둘이 아니다.

여전히 학교는 천천히 생각하고 대화할 시간과 여력이 없다. 빡빡하게 진행되는 교육과정에서, 특정 주제에 관해 천천히 깊이 생각하고 대화할 시간이 부족하다. 어떤 문제 상황이 생기면 지지부진하다고 느낄 정도로 천천히 들여다보고 머리를 맞대고 싶지만, 대부분은 후다닥 해치워버린다.

그래도 우리는 '의사소통적 합리성'이 통용되는 생활세계로서 '학교'를 시도한다. 문제가 있는지 없는지가 아니라, 문제를 대하는 '방식'이 중요하다. 각개 전투가 아니라 함께 고민하고 실천하면서 실패도 하고 성공도 해보는 과정을 만들어가고 싶다. 어떤 완벽한 틀을 향해 맹목적으로 달려가지 않고, 낡은 관행을 민감하고 비판적으로 돌아본다. 학교가 곧 '공론장'이며, 이 공론장에서 숙의 민주주의Deliverative Democracy를 시도한다. 공공의 일에 관

- 학생의 학교에서의 스마트폰 사용 원칙
- 원격 수업 시 온라인 플랫폼 선정, 출결 방식 등
- 등교 학년 및 운영 방식
- 스마트 기기 구입 기종 및 비율(대수) 등
- 스마트 기기의 수업 활용을 위한 연수 내용/방식/횟수
- 수업연구회 및 수업나눔회 방식
- 2학기 교육과정 준비 TF 구성

련해 시민들이 문제 상황을 공유하고, 공동체의 목표와 이상, 실천을 함께 그린다.*

우리 학교는 주류를 벗어나는 자유로운 선택들을 겁없이 해온 곳이다. 교장 공모제 신청, 혁신학교 3기 지정, 교장 공모제 재신청, 1기 혁신미래학교 지정까지. 과감한 건지 무모한 건지 모르겠지만, 이곳에서 지난 2년여 동안 벌어진 일이다.

고민에 맞닥트릴 때마다 여러 생각들을 함께 모여 터놓을 수 있는 크고 작은 공론장이 있었다. 이런 공론장을 잘 다듬어 더 의미 있게 기능할 수 있는 문화를 같이 만들어가고 싶다. 선생님들하고 함께 마음껏 상상하고, 시도하고, 갈등하고, 깨지고, 다독

* 민주화운동기념사업회 연구소 편,《민주주의 강의 4 — 현대적 흐름》, 민주화운동기념사업회, 2010, 268~270쪽.

- 금기와 관성이 없이 마음껏 생각을 나누는 열린 소통의 공간과 시간
- 절차적 민주성을 거쳐 만들어가는 구성원 공통의 가치와 방향
- 새로운 시도를 두려워하지 않는, 함께 만들어가보자는 문화
- 실패해도 괜찮아! 왜 실패했는지를 섬세하게 들여다보고 반성
- 지식 전수를 넘어선, 다양한 경험, 창의성, 융합적 사고, 협동 학습 등 수업

이면서 지내고 싶다. '실패해도 괜찮아'가 우리 학교의 문화가 되면 좋겠다.

구조의 강제에서 자유로운 시민사회를 한 영역, 곧 '면'이라고 하자. 시민사회라는 '면'이 만들어지려면 무수한 '선'이 그어져야 하고, '선'마다 무수히 많은 '점'이 찍혀야 한다. 촘촘한 점, 점이 모인 선, 선이 모인 면이 된다.

학교가 '의사소통적 합리성'이 통용되는 시민사회의 '점'이 되면 좋겠다. 그러면 '관계자 외 출입금지 불가능'이라는 학교의 특징이 긍정적 의미를 지닐 수 있다. 학교는 누구나 이곳을 매개로 해서 다양한 생각을 나누는, 더 좋은 사회를 만들어가는 시민사회의 공간이 될 수 있다.

혁신학교는 시민사회의 '짙은' 점이 될 수 있다. 어쩌면 혁신학교는 '민주주의 공동체'라는 불가능에 가까운 꿈을 잠깐이라도 느껴보려는 조그만 시도일지도 모른다. 구성원들이 한 순간이라

도 그런 꿈이 현실에서 실현됐다고 느꼈다면, 그것만으로 혁신학교는 성공이다. 그런 성공이 혁신학교가 진짜 '혁신적'인 학교라는 증거다.

9장

학교 밖에서, 학교에 관해서

교육 행위, '협력종합예술' 활동

'예술^Art'은 춤, 그림, 뮤지컬 등에 한정되지 않는다. 예술은 본래 인간이 창조해내는 유무형 행위을 포괄하는 말이다. 앞을 '좁은 의미의 예술', 뒤를 '넓은 의미의 예술'이라 하자. 교사는 '넓은 의미의 예술'을 하는 교육의 '예술가^artisan'다.

교사가 하는 '넓은 의미의 예술'은 '좁은 의미의 예술'보다 좀 더 복잡하다. 무대 위의 배우는 오롯이 자기 자신에게만 집중해서 퍼포먼스를 구상하고 실행한다. 청중은 그 과정에서 예외적인 참여가 가능하지만, 주로 예술가의 행위를 가만히 지켜보는 정적인 대상이다. 그러나 교사의 예술 행위는 언제나 청중(학생)의 반응을 전제한다. 내 구상에 따른 흐름을 이어가면서도, 청중의 반응에 민감하다. '실시간-쌍방향' 행위 예술에 가깝다.

교사의 만남과 모임. 학교 교육은 교사의 '협력종합예술' 활동에 기댄다. 그래서 우리의 만남은 각자의 기능을 얹는 회의실이 아니라, 세계관과 철학을 나누는 살롱이다.

더구나 이 행위 예술은 나름 구조화된 '수업'이 전부가 아니다. 상담, 학급 운영, 심지어 일상의 인사와 말투, 몸짓까지, 교사는 지식, 관계, 화법 등을 아우르는 '종합적' 예술을 펼친다. 여기에 학생마다 여러 교사의 종합 예술이 겹겹이 포개진다. 옆에는 공동의 예술 행위를 하면서 내 부족함을 채워주는 예술가들이 있다. 그래서 교사의 교육 행위는 '협력종합예술' 활동*이다.

한 사람을 교육한다는 것은 단지 지식과 정보를 전달하고 그것을 평가하는 차원을 넘어, 그 사람의 삶의 성장에 관여한다는 의미가 있으며, 한 사람의 삶의 성장은 다른 사람과의 관계 속에서 일어난다. 이 때문에 미래 교육의 방향을 논의할 때 비대면 온라인 원격 수업의 전면적인 도입이 주는 교육적 시사점은 제한적일 수밖에 없으며, 그래야 합당하다.**

우리는 '관계'의 예술을 한다. 교육 행정, 교육과정, 교과 교육에서 교육의 효과성을 높인다는 교육 이론이 많이 있다. 특히 코로나19 상황에서 기술 공학적 교육 담론들이 마치 교육의 정답인 양 제시된다. 그런데 이런 담론들은 현실의 교실과 학생들에게 바로 적용될 수 없다. 대부분 교육 현장에서 교사가 발휘하는

---

* 뮤지컬 공연, 영화 제작 등 다양한 문예 교육을 활성화하는 서울시교육청의 정책이다. 이 용어를 좀더 넓은 의미로 '교사'에 적용했다.
** 고병헌, 《교육 ― 존재가 존재에 이르는 길》, 이다, 2020, 65쪽.

관계의 '협력종합예술' 활동을 깊이 고려하지 않기 때문이다. 한 분야의 '지식'만 가진 사람은 전문가professional가 될 수 없다. 그 분야에 깊숙이 개입하고, 거기서 생겨나는 문제의식에 관련된 고민을 일상적으로 하는 사람이 전문가다. 교육에 관해 사람들 '앞에서pro' 자신 있게 '말하는fess' 사람은 교사다. 학교 교육은 전적으로 교사의 '협력종합예술' 활동에 기댄다.

학교 안에서도, 학교 밖에서도 교육을 말하는 자리가 만들어진다. '전문가'로서 교사들이 만난다. 우리가 추구하는 더 좋은 세상을 그리고, 그 세상에서 또는 그런 세상을 위해 '교육'이 어떤 이상을 품어야 하는지를 이야기 나눈다. 전문 학습 공동체든, 독서 모임이든, 교과 모임이든, 마을자치위원회든, 교육대학원이든, 교원 단체든, 노동조합이든 상관없다. 크고 작은 모임, 여러 분야와 층위, 모임 간 네트워크를 통해 교사들이 만난다.

이런 모임이 시민사회라는 도화지에 크고 작은, 짙고 옅은 점을 찍는다. 학교 밖 교사들 사이의 만남이 시민사회의 점을 짙게 하고, 점을 잇는 선을 촘촘하게 한다. 여기는 각자의 기능을 얹는 회의실이 아니라, 세계관과 철학을 나누는 살롱이다.

마을의 품에서도 자랄 수 있다면

집을 나서서 학교에 간다. 폭우나 눈보라가 몰아치지 않으면 보통은 '따릉이'*를 탄다. 직선 거리 4킬로미터, 25분 정도 걸리는 길은 아주 익숙하다. 내가 태어나고 자란 곳이다. 걸어가는 길 옆으로 내가 태어난 산부인과 터, 살던 낡은 집, 뛰어놀던 골목, 단골 술집, 졸업한 유치원, 초등학교, 중학교, 고등학교, 대학원이 보인다(가끔은 내가 구로구라는 섬에서 찍는 〈트루먼 쇼〉**의 주인공이 아닌가 할 때도 있다).

이 마을이 나를 키웠다는 생각은 들지 않는다. 모든 곳이 아주 익숙하면서도, 아주 낯설다. 차가운 거대 도시의 한 조각에 떠 있는 느낌이다. 이곳에서 살아왔다는 공간의 연속성이 있을 뿐이지, '마을의 품'에서 자라지는 않았다. '도시'가 지니는 본래의 속성이기도 하다. 애초에 근대 이후의 도시는 자본을 증식하려고 확장된 공간이지, 사람을 고려한 장소는 아니었다. 특히 서울은 농촌을 떠난 많은 사람들이 모여들면서 '압축적 도시화'를 상징하게 된 도시 아닌가. 서울 변두리인 구로구는 숱한 건물을 짓고 부수는 공간이자, 많은 사람이 잠시 머물다 떠나는 장소다. '공동체적 삶'을 그리기에는 너무 많은 변화를 겪어왔다.

코로나19 팬데믹이 길어지면서 학교 가는 날이 줄었다. 사람들은 학교가 일상에서 큰 구실을 해온 사실을 새삼 고마워한다.

---

* 서울시에서 운영하는 공공 자전거 대여 시스템.
** 영화 〈트루먼 쇼〉(1998)의 주인공은 작은 섬에서 평범한 삶을 살아가는 서른 살의 보험 회사 직원 트루먼이다. 그러나 가족과 친구는 모두 배우이고 마을은 거대한 세트장이다. 트루먼은 삶 전체가 전세계에 생중계되는 리얼리티 프로그램의 주인공이다.

구로 마을탐방 동아리. 마을 구석구석을 걷는다. 마을의 품에서 자랄 수 없더라도, 학교 안과 밖이, 그리고 나와 세상이 연결돼 있다는 어렴풋한 느낌은 가질 수 있지 않을까?

그랬다. 학교는 맡은 바 임무를, 아니 그 이상을 해왔다. 가르치고 배우는 정도를 넘어서, 보육, 돌봄, 식사, 교양, 체험 등 사회 전체가 함께 관심을 가져야 하는 모든 것들을 학교에 욱여넣고 '여기서 지지든 볶든 어떻게든 해결'하라고 해온 현실이 적나라하게 드러난다. 코로나19가 길어질수록 아이들이 편히 지내면서 성장할 수 있는 다른 곳은 없고, 오로지 학교를 가느냐 안 가느냐만 두고 안절부절못한다. 반대로 말하면, 학교 말고는 대안적인 교육 공간이 없다.

2018년 구로 마을탐방 동아리. 학생들이랑 마을 구석구석을 걷는다. 고층 빌딩과 쇼핑몰, 공장과 상업 지구, 아파트와 주택가, 산과 하천, 논과 밭이 있다. 도시에서 살아온 사람들이 애향심을 갖는다는 건 불가능에 가깝지만, 그래도 내가 사는 곳에는 어떤 사람들이 어떤 모습으로 살아가는지 걸으면서 가볍게 생각해본다. 그리고 학생들이 학교 안과 밖은 '연결'돼 있다는 어렴풋한 느낌이라도 가질 수 있을까 기대한다.

혁신교육지구, 마을학교, 지역 청소년 자치 기구 등 도시의 황폐함을 극복하려는 '마을'과 '마을 교육'이 싹트기 시작했다. 아직 갈 길은 멀지만, 코로나19 이후의 미래 교육을 그릴 때 마을이 또 다른 교육 중심이 되면 좋겠다. 아이들이 학교만이 아니라 마을에서도 만나고 배우고 쉬면 어떨까. 학교도 황무지에 덩그러니 놓이지 않고 마을의 품에서 자랄 수 있을까. 그러면 학교는 훨씬 가벼운 몸으로 할 수 있는 교육을 잘해낼 수 있지 않을까.

학교 밖 만남이 좋기만 한 건 아니다. 현실에서는 새로운 교육을 상상하기에는 어두운 일이 여전히 벌어진다. 2019년 가을, 고등학교 때 선생님이 학교에서 쫓겨났다는 소식이 들려왔다. 사학 재단은 내부 비판을 하는 선생님이 눈엣가시였나 보다. 재단의 인사 '갑질'을 비판하는 사회 관계망 서비스^{SNS} 글이 재단의 명예를 실추시켰다며 징계를 감행했다.

모교 앞에서 부당 징계를 규탄하는 집회가 열린다. 하필 우리 학교 축제 전날이다. 그리고 나는 축제 담당이다. 축제 전날 초상집 분위기를 느끼는 아이러니. 축제 준비 때문에 바빠서 안 갈까 하다가, 대체 무슨 일인지 궁금해서 가본다. 그리고 나도 한마디 거든다.

'견제받지 않는 권력'은 언제나 위험하다. 우리 사회에서 '사립 학교'는 여전히 견제받지 않는 곳이다. 인사와 행정 등이 꽤 투명해진 공립 학교에 견줘 사립 학교는 여전히 법과 제도의 밖에 놓인 견제받지 않는 영역이다. 사립 학교는 이사장의 '심기'가 모든 정책을 결정하는 절대적 기준이다. 사립 학교의 인사권은 이사장에게 있고, 이사장의 뜻이 100퍼센트 관철될 수 있는 구조다. 사립 학교는 아무리 부정을 저질러도 이사장이 보호하려고 하는 사람은 징계할 방법이 없다. 징계 의결권을 이사장이 사실상 독점하기 때문이다. 그래서 이사회에서 임명하는 징계위는 아무 소안녕하세요. ○○고 29회 졸업생이자, 권○○ 선생님 제자이자, 인근 지역 동료 교사이자, 평생의 지역 주민이자, 예비 학부모이기도 한 서재민입니다. 자기소개가 재단에 압박이 좀 될지 모르겠네요. (웃음)

고등학생 때 좋은 선생님들을 만나 막연하게 교사가 되는 꿈을 갖게 됐습니다. 그때는 단지 문제 풀이만 시키는 게 아니라, 나와 세상에 대한 고민을 함께해주신 권○○ 선생님을 비롯한 좋은 선생님들이 계셨습니다. 막연하지만 이 선생님들을 닮는 꿈을 꾸었고, 이 학교의 교사가 된다면 정말 좋겠다는 생각을 했었네요.

징계 사유를 봤습니다. 읽는 제가 다 부끄러워지더라고요. 독재 시대에나 있을 법한 어처구니 없는 사유로 눈에 거슬리는 교사를 교단에 서지 못하게 하다니. 나쁜 짓도 나쁘지만, 나쁜 짓을 가능하게 하는 현행 사학법이 더 문제입니다. …… 촛불혁명이 있었지만, 그건 부패한 거대 권력 몇몇을 몰아낸 것에 불과하다는 생각이 점점 강해지는 요즘입니다. 우리의 일상에서 수많은 적폐를 마주하고, 이걸 걷어내려 많은 분들이 고생하고 계십니다.

저는 근처 중학교에 근무하고 있는데요, 공립 학교의 특성상 숨막히는 관료제의 폐단이 이어져오는 곳입니다. 그래도 윗 세대 선생님들이 저항한 덕에 점점 학교가 '열린' 공간이 됐고, 법과 제도가 개선돼 교사의 교육 활동에 희망을 품을 여지가 있습니다. 요즘은 혁신학교, 마을학교, 미래학교 등 새로운 시도를 하는 중입니다.

권○○ 선생님도 높은 경지의 성찰과 글빨을 바탕으로 교육에 집중하셔야 합니다. 여기서 투쟁하는 시간이 아깝습니다. 여기 모이신 분들도 마찬가지고요. 우리가 여기서 쓰는 시간과 열정은 화로 쏟아내고 소진되어 흩어지는 에너지라서 안타깝습니다.

그렇지만 우리가 여기 모인 이유가 있습니다. 사학 재단은 우리 사회에서 가장 케케묵은 '지연된 사회 정의'가 여전한 공간입니다. 우리 사회의 가장 어둡고 가려진 곳입니다. 따라서 우리는 일상에서 마주하는 적폐를 몰아내는 아주 의미 있는 행위를 하는 중입니다. 그래서 이 자리에 오신 분들이 시간을 허비한다는 생각은 하지 않으려 하고요.

※ 발언 메모를 바탕으로 재구성했다.

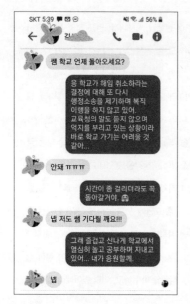

쌤 학교 언제 돌아오세요?

응 학교가 해임 취소하라는
결정에 대해 또 다시
행정소송을 제기하며 복직
이행을 하지 않고 있어.
교육청의 말도 듣지 않으며
억지를 부리고 있는 상황이라
바로 학교 가기는 어려울 것
같아...

안돼 ㅠㅠㅠ

시간이 좀 걸리더라도 꼭
돌아갈거야. 😥

넵 저도 쌤 기다릴 깨요!!!

그래 즐겁고 신나게 학교에서
열심히 놀고 공부하며 지내고
있어... 내가 응원할께.

넵

"쌤, 학교 언제 돌아오세요?" 꽉 막힌 상황에 선생님은
쉽게 말이 나오지 않는다.

용이 없다. 학교 밖하고 단절된 사립 학교의 공고한 벽은 지연된
사회 정의가 여전히 힘을 발휘하는 곳이다.

"쌤, 학교 언제 돌아오세요?" 내가 선생님께 묻는다. 작년 담
임 학급에서 공부한 학생이 선생님께 묻는다. 꽉 막힌 상황에, 쉽
게 말이 나오지 않는다. 그 뒤 교원 소청 심사에서 합당한 징계
사유가 없다는 결론이 났다. 재단은 오히려 행정 소송을 제기했
다. 행정 소송을 제기하더라도 교원지위법에 따라 바로 복직 조
치를 이행해야 하지만, 서울시교육청이 보낸 복직을 명하는 공문
을 여러 차례 받고도 재단은 해임 처분을 유지했다. 2021년 1월
1일, 선생님은 16개월 만에 복직했다.

근로자 아닌, 노동자

친구들을 만나는 어느 자리든 부동산과 주식 이야기는 빠지지 않는다. 각자의 정보량을 자랑하고 성공담을 늘어놓고 전망을 나눈다. 재테크 정보를 더 많이 아는 사람이 자기 자신과 가족의 생활과 인생 2막을 더 성실히 일구고 있다며 칭찬받는다. 어른스러운 대화이고, 세상을 살아가는 아주 좋은 공부라고 한다. 일종의 노력이고, 고급 노동이다.

직장에서 받는 급여가 불로 소득을 얻기 위한 종잣돈이 되는 시대다. '불로不勞'가 부러움을 사는 세상은, 그만큼 '노동勞動'이 괴롭다는 반증이다. 점점 더 치열해지는 세상에서, 먹고살기 위해 어렵게 구한 일자리의 노동 강도는 더 세진다. 실직자보다는, 일용직보다는, 비정규직보다는 그나마 나은 여건에 안도하면서 힘든 노동을 기꺼이 견딘다. 지금 누리는 온갖 물질적 풍요의 이면에 '과잉 노동'과 '소외'의 그림자가 있다는 사실을 외면하면, 각자에게 '노동'은 언제라도 떨쳐내고 싶은 무엇이다.

이런 세상에서 '노동이 자기에게 어떤 의미를 지니는지', '노동이 자아실현의 하나가 될 수 있는지', '노동하는 사람들은 왜 소외되는지', '소외된 사람들의 힘을 모을 수는 없는지' 등을 고민하는 대화는 별 매력이 없다. 이런 말을 꺼내는 사람은 그냥 이상한 사람이다.

한국 사회에서 '노동'은 유독 더 어두운 색으로 덧칠돼왔다.

분단된 한반도에서 살아가는 사람들은 '생각의 범위'가 한정된다. 여기에서는 세상을 이해하는 다양한 시각과 주장을 편하게 듣고, 생각하고, 말할 수 없었다. 세계를 양분한 자본주의와 사회주의라는 두 거대 이데올로기가 이곳에서 만났고, 이념이 다르다는 이유로 온갖 잔혹한 일이 벌어졌다. 남조선노동당(남로당)에서 활동한 적 있는 남쪽의 독재자는 자기를 의심하는 미국에 충성심을 보여주느라 민주주의와 인권을 외치는 목소리들에 '빨갱이'라는 딱지를 붙여 잔혹하게 탄압했다.

그래서 '노동자'는 없고, 국가와 기업을 위해 일하는 근면 성실한 '근로자'만 있었다. 그 두려운 기운이 이어져서, '노동'하는 사람들이 '노동조합'을 입에 올리는 일은 여전히 무겁다. 노동조합은 사람들 머릿속에서 여전히 금기의 영역이다. 나도 천천히 쌓아온 계급 의식과 연대 의식이 곧바로 노동조합 활동으로 이어지지는 않았다. 교직에 발을 들이고 노동조합에 가입할 때까지 5개월이라는 '결심'의 시간이 필요했다.

노동조합은 기본적으로 노동자의 목소리와 이해관계를 대변하는 구실을 한다. 나는 교사의 '자율 영역'을 확보할 수 있는 울타리를 제공받는다. 사용자(정부, 교육부, 교육청, 사학 재단)가 구조 모순들을 밀어붙이려 하면, 노동조합은 학교에서 분투하는 교사들의 어려움을 챙기고 생각을 모아서 대응했다.

가만히 생각해보자. 내 자율 영역을 확보해준다고 해서 꼭 노조를 할 필요는 없다. 조합원이 아니어도 노동조합이 얻어낸 권리를 누릴 수 있기 때문이다. 노동 조건의 향상은 '비배제성'을 지닌다. 그래서 무임승차를 할 수 있다. 나는 왜 노조를 하는가? 좀더 적극적인 이유를 나 자신에게 설명할 필요가 있었다.

노동 존중의 선순환을 잇는 고리

교사라는 집단의 이익만을 위해서 노동조합 조합원이 되지는 않는다. 이 문제는 교사의 직업의식에 연결된다. 먼저 악순환의 고리를 보자.

차별의 구조가 굳어질수록 교육은 계급 재생산의 수단이라는 성격이 강해진다. 빈부 격차가 커질수록 개천에서 용 나는 확률은 더 줄어든다. 수능이든 수시든 학종이든 입학사정관이든 어떤 방식으로 경쟁 입시 제도를 손봐도, 경제적 여건이 대학 간판을 결정하는 데 점점 더 큰 영향을 미친다. 이런 계급 재생산 사회에서 교사는 '기계적 공정성'에 무한한 희망을 걸고, 내 앞에 선 학생에게 '너는 살아남을 수 있다'고 결연한 의지를 북돋아줄 수 있을 뿐이다. 나는 교사라는 직업인으로서 신실하려 하지만, 세상의 불평등은 내가 위선적이 아닌지 돌아보게 한다.

반대로 말해서 빈자와 부자가 사라지고 직업의 귀천이 없어진다면, 최소한 지금보다 불평등이 줄어든다면, '이름 들어본 대학은 가야 그나마 살아남을 수 있다'는 말은 안 해도 된다. 어느

사회와 교육의 악순환

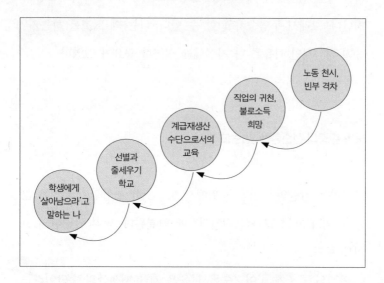

사회와 교육의 선순환을 위한 우리의 연대

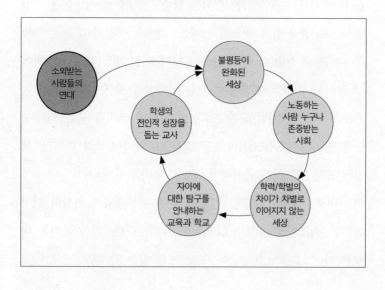

분야의 직업을 택해도 인간으로서 존중받는 노동 조건을 누리고 충분한 급여를 받을 수 있다면, '무조건 대학은 가야 한다'고 말하지 않아도 된다. 학교는 학생의 자아실현을 돕고 민주 시민을 양성한다는, 헌법과 법률에 정해진 교육 목표를 충실히 구현할 수 있다. 교사는 학생에게 자기를 탐구하고 행복한 삶을 위해 무엇이든 도전하라는 권유를 할 수 있다.

그래서 이 사회에서 벌어지는 노동 차별에 관심을 갖고 연대를 한다. 학교 안이든 밖이든, 노동하는 사람들 가까운 곳에서, 때로는 멀리 떨어져 손을 잡는다. 그리고 노동조합이 소외받는 사람들하고 '느슨한 연대'를 할 수 있는 여러 방식을 알려준다. 옆에 듬직하게 있지 못하더라도, 작은 힘이 될 수 있는 방법을 안내한다. 더 소심하게는, 세상의 답답함에 관해 가까이 있는 사람들하고 나누는 대화 자체가 연대하는 방식의 하나가 된다.

현실은 이 느슨한 연대도 어렵게 한다. 단식, 삭발, 농성은 소외된 자들의 처절한 몸부림이지만, 부와 권력을 가진 사람들도 알량한 기득권을 지키는 방편으로 '벤치마킹'한다. 이런 행위가 그런 방법 말고는 아무것도 할 수 없는 사람들을 향한 조롱이라는 사실을 전혀 모른다. 그 조롱은 돌고 돌아 다시 차별받는 사람을 향한다. 차별받는 사람들이 꿈틀하는 파업을 다룬 인터넷 기사에 달린 댓글은 혐오 일색이다. 무엇에 문제를 제기하는지, 왜 저렇게 간절한지 들여다보기 이전에, 떼쓰지 말고 잡음 만들지 말라면서 손가락질부터 한다.

노조하는 사람들. 교사의 권익 보장이 노조를 하는 전부가 아니다. 노동조합은 소외받는 사람들하고 '느슨한 연대'를 하는 여러 방식을 알려준다. 더 소심하게는, 세상의 답답함에 관해 우리가 나누는 대화 자체가 연대다.

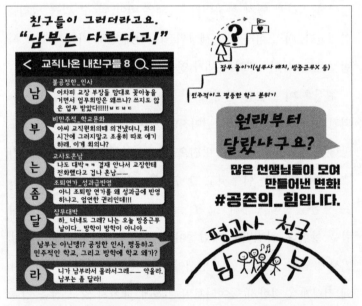

우리 지역의 민주적 학교 문화. 1960년대 구로공단이 자리잡은 이래 노동운동과 교육운동이 만났다(출처: 전교조 서울지부 중등남부지회 홍보 책자 《관성》, 50~51쪽).

더 힘든 문제는 노동하는 사람들 사이의 노동 조건에서 나타나는 차이가 계속해서 갈등의 불씨가 된다는 사실이다. 권력과 자본이 노동의 귀천을 나눈다지만, 노동하는 사람들도 서로 차별의 언어를 보낸다. 학교에서도 근무 형태, 업무 내용, 급여 조건 등을 두고 교사와 공무직 사이의 갈등이 불거진다. 거의 벌어지지 않을 만한 일들이 우연찮게 부딪치는 게 아니라, 한 지붕 아래 지내면서 섭섭한 마음이 많이 쌓인 탓인지 톡 건들기만 하는데도 마구 쏟아져 나온다. 차별은 내가 속한 공동체 여기저기에 깊숙이 자리하고 있지만, 나하고는 무관하다. 그저 '채용 형태가 달라서', '일의 성격이 어때서', '저 일 편한 거 아냐?' 같은 말을 던지며 각자의 처지를 이해하려 하지 않는다.

그래도 노동하는 보통 사람들이 기댈 곳은 결국 '사람'밖에 없다. 갈등하고 실망해도 포기할 수 없는 가치가 바로 연대다. 더 좋은 세상을 바라는 가치들이 많지만, 이런 가치들을 하나로 묶는 힘은 연대다. 다퉜다고 해서 서로 적이 될 수는 없다. 권리는 제로섬이 아니다. 상대방의 권리를 서로 높일 수 있다. 갈등의 골이 깊어져도, 잠시 멈춰서서 서로 더 이해할 수는 없을까.

결국에는 모든 노동하는 사람이 그럭저럭 평온한 삶을 살 수 있는 세상이 되면 좋겠다. 나와 우리가 연대해 뭉텅이진 힘이 되면, 악순환의 고리는 적극적인 의미로 재해석할 수 있다. 노동하는 사람들이 존중받기를 원하는 나와 조합원들의 연대를 끼워넣고, 악순환의 고리를 끊어 선순환의 흐름을 만들 수는 없을까.

노조 하는 사람들, 노조 하는 젊은이들

노동조합에서 더 많은 사람을 만나고 싶지만, 노동조합 가입률은 아주 낮다. '불법'이나 '심리적 금기'가 아니어도, 사람들에게 노동조합은 '무거워서' 꺼려진다. 나보다 더 진보적인 가치를 추구하는 교사들이 노동조합에 가입하지 않는 이유라면서 많이 하는 말이다. 노동조합의 '무거움'은 어디에서 비롯된 걸까.

좀 억울한 면이 있다. 권력과 주류 언론이 노동조합에 씌운 프레임이 그렇다. 마구잡이 탄압과 폭력에 저항하려면, 가진 것 없는 이들은 더 비장해지고, 무거워지고, 모든 걸 다 바쳐야 했다. 달걀로 바위 치기 수십 년, 평생을 저항해온 사람들은 '악다구니'가 될 수밖에 없었다. 격동의 세월 동안 신실하고, 신념 있고, 확고하고, 모든 걸 다 걸고, 비장하게 싸워야 했다. '무거움'에 관해 함부로 말할 수 없는 이유가 여기에 있다. 그리고 우리는 그런 저항의 역사 위에서 지금 그나마 숨통이 트이는 교직 문화를 누리고 있다.

내가 일하는 지역의 교직 문화는 구시대의 문화를 특히나 많이 거둬냈다. 1960년대 구로공단이 자리잡은 이래 노동자와 시민이 힘을 모아 저항하는 역사가 이어졌고, 노동운동과 교육운동이 만났다. 윗 세대 선생님들은 관료제와 권위주의의 강제에 당당히 맞서는 학교 문화를 만들어왔다(반대로 말해서 권위주의적 관리자가 발령을 꺼리는 지역이기도 하다).

노조하는 젊은이들. 진지하지만 덜 무겁게, 그렇지만 너무 가벼워 보이지만 않게, 세상과 우리들의 이야기를 한다.

어떤 사람의 말과 행동은 그 사람의 개성으로 비친다. 그렇지만 한 사람은 내면에 여러 색을 품고 있고, 그중 한 가지 특징이 자기가 속한 집단 속에서 드러나거나 뚜렷해질 수도 있다. 내가 지닌 여러 모습 중 하나가 공적인 곳에서 드러나는 양상은, 개인적 차원이 아니라 그 집단의 문화로 봐야 한다. '자족적 개인주의자'인 내가, 어쩌다 '모난 놈'이 됐나 생각해본다. 학교의 이상한 관행들에 목소리를 낸 데에는 이 지역의 '학교 문화'가 가장 큰 영향을 미쳤다. 다른 상황에 놓여 있다면, 소시민인 나는 절대 하지 못할 행동이다. 그런 저항 정신을 어깨너머로 배운다. 그러다가 나도 불쑥 문제 제기를 한다. 한 번이 힘들지 그 뒤에는 몸이 먼저 반응한다. 그때마다 외톨이가 될 줄 알다가, 격려를 받는다. 점점 할 말은 하고 사는 내가 어색하지 않다.

진지하지만 덜 무겁게, 그렇지만 너무 가벼워 보이지는 않게, 윗 세대가 다진 토양 위에서 다음 세대가 자란다. 타율, 순응, 소외, 차별 등 세상의 온갖 문제가 우리의 관심사다. 그렇지만 매번 머리를 싸매고 괴로워하지 않는다. 별 영양가 없는 대화, 학교 밖 이야기를 나누고도 싶다. 영화도 보고 커피도 마시면서, 나와 우리가 사는 이야기를 나눈다.

4부

'미래'도 학교는 가기 싫겠다

세상을 멈춘 코로나19는 인간 세상에 많은 질문을 던졌다. 그리고 미래 사회 속 교육에도 고민거리를 던졌다. 비대면 개별화 수업, 쌍방향 원격 소통, 생태계와 인간 사회, 방역과 보건, 불평등과 복지 같은 질문들이 학교로 몰려든다. 학교가 그런 질문들을 충분히 소화하고, 다시 태어나기를 기대했다.

안타깝지만 코로나19도 학교를 멈출 수는 없었다. '미래'에 관한 풍부한 상상력이 교문을 통과하지 못한다. 학교는 코로나를, 그리고 미래 사회의 교육을, 그저 '하던 대로' 대한다. 방어적 임기응변의 연속이고, 그 안의 교사는 이러지도 저러지도 못하는 궁색한 처지에 몰린다.

10장
코로나19는 학교를 멈추게 할 수 있을까

다시 학교를 간다

코로나19가 끝났다. 생각보다 참 오래 걸렸지만, 잘 참았고 잘 견뎌냈다. 학생들이 다시 등교한다. 발열 체크를 안 해도 되고, 마스크를 안 써도 된다. 그보다 더 가벼운 발걸음인 건 학교가 완전히 달라졌기 때문이다.

학교의 교육과정은 아이의 삶을 중심에 두고 완전히 새롭게 구성됐다. 민주 시민 교육의 장으로 학교가 다시 태어났다. 자치는 학교 운영의 기본 원리가 되고, 학생자치회는 교사회, 교직원회, 학부모회, 마을회하고 동등한 위상을 갖는다. 그리고 학교의 최고 의결 기구로서 '학교자치회'가 있다. 상향식 민주주의의 흐름을 따라 학교자치회로 안건이 모이고, 치열한 토론을 거쳐 학교 운영에 반영된다. 특히 학생과 학생 대표는 (학교 교육의 주인이었지만 이전까지 배제돼온 현실을 반성하면서) 더 많은 위원 수와 권한을 보장받는다. 안건은 누구나 쉽게 이해할 수 있는 용어로 바꿔 미리 공개되며, 학생 대표는 전체 학생들의 생각을 모으고 정리해 실질적인 의사 결정자로 참여한다. 학생들은 이런 민주 공동체 속에서 건강한 자아를 키운다.

학생, 학부모, 교직원이 모두 시민 교육을 일상의 모든 분야에서 삶의 원리로 생활화한 덕분에 가능한 일이다. 자기가 속한 여러 집단에서 자유롭고 평등한 개인으로 인정받고, 공공의 일에 적극적으로 참여하는 경험이 쌓인다. 상대방의 마음을 헤아리는 화법을 쓰고 좀더 탄탄한 논리를 갖추며, 치열한 논쟁을 거쳐 되도록 만장일치, 아니면 다수결 합의에 이른다. 일단 합의된 내용은 자기가 한 주장하고 다르더라도 공동체의 숙의를 통한 결정이므로 존중한다.

직접 민주제도 일상적으로 진행된다. 학교의 중앙홀은 고대 그리스 아테네의 아고라^{agora}를 재현한 공간이다. 언제든 연단에 올라 자기 생각을 사람들에게 드러내고 나눌 수 있다. 아고라가 아니어도 온오프라인 게시판은 나와 우리의 목소리를 퍼트리는 통로다. 그리고 무엇보다도 안건을 깊이 이해하고 생각할 수 있는 충분한 시간이 정규 교육과정 안에서 제공된다. 내용 지식을 전달하는 교과 교사의 부담이 줄고, 교과 간 장벽은 얇아진다.

교사는 아이들의 전인적인 성장을 아주 가까운 곳에서 돕는다. 오지선다형 객관식 문항으로 평가할 지식 내용을 꽉꽉 채워서 전할 필요가 없다. 학생들의 삶에서 가장 필요하다고 생각하는 주제와 수업 계획 초안을 제시하고, 서로 논의한 뒤 결과를 수업 계획에 반영한다. 도전적이고 정치적인 주제여도 괜찮다. 인류 보편의 가치에서 벗어나지 않는 주제를 선정하고 수업을 하면, 학교와 교육청은 수업하는 교사를 지키는 든든한 보호막이 돼준다. 교사는 '자율'을 발휘해 수업을 준비하고 실행한다.

교육부는 교육에 관한 연구와 자문을 하는 기구로 바뀌고, 각 교육청으로 권한을 넘긴다. 교육청 규모도 크게 줄여서, 이렇게 확보한 교육 행정 전문가를 단위 학교에 이전 배치해 학교 현장의 교육 활동에 필요한 실무를 적극 지원한다. 교사를 대상화하는 교육청의 당근과 채찍이 사라졌고, 부족한 부분이 있으면 믿고 기다려준다. 그리고 교사의 자존감 향상, 심리적 안정, 전문성 제고, 휴식 등을 위해 전폭적인 지원을 한다. 공문에 쓰는 말투에서 감시와 통제가 사라져서, 공문을 읽는 교사도 더는 기분이 나쁘지 않다. 그리고 교육청 산하에 마음껏 교육적 상상을 하며 동시에 권력에 휘둘리지 않는 교육연구소가 있다. 현장 교사들은 여기에 경험과 고민이 담긴 정책을 제안한다. 아무리 좋은 정책도 획일적이거나 전면적으로 적용하지 않고 숙고의 숙고를 거쳐 현장에 다가간다.

그래도 학교를 갑갑해하는 아이가 있다. 학교가 제공하는 종합적이고 체계적인 교육이 학생하고 맞지 않아도 괜찮다. 이제는 돌봄과 배움을 학교에만 기대지 않아도 되기 때문이다. 학교가 아니어도 '가정'과 '마을'이 삶의 위한 교육의 또 다른 구심으로 자리잡고 있다. 마을은 언제든 뛰놀고 배울 수 있는 곳이며, 그곳에서 제시하는 교육 기준을 이수하면 상급 학교로 진학할 수 있다. 학교는 좀더 가벼워진 몸으로 할 수 있는 만큼 최선의 교육 활동을 한다.

이런 변화는 모두 입시 경쟁 체제를 무너트린 덕분이었다. 출생 연도에 따라 나뉜 교실에서 박제된 지식을 누가 더 많이 더 정확하게 기억하는지를 가르는 평가가 사라지니, 새로운 교육의 가능성이 열렸다. 같은 공간과 같은 시간에 모든 아이들을 모아놓고 내용 지식을 충실히 암기한 정도를 평가해 줄 세우지 않아도 된다. 물론 전문 지식은 정규 수업이 아니어도 동아리 활동 등을 통해 얼마든지 탐구할 수 있다. 옆에 앉은 친구는 경쟁 상대가 아니라 함께 성장해가는 동료다. 자기가 관심 갖는 진로와 직업군에 관련된 학문을 고등 교육 기관에서 배울 기회는 언제나 열려 있다.

방어에서 변화로, 변화에서 개혁으로

처음에 많이들 당황해하며 어쩔 줄 몰랐다. 교육계는 방어적인 태도로 임기응변만 했다. 공교육 기관의 컨트롤 타워인 교육부는 2~3주에 한 번씩 '학교를 가냐 마냐', '전교생 중 몇 명이나 등교하냐', '수능을 미루냐 마냐', '수시와 정시의 비율을 어느 정도로 조정하냐'처럼 행정적 책임을 지지 않을 수준의 논의를 하는 데 그쳤다.

코로나19 상황 때문에 세 가지 구조 모순(능력주의, 권위주의, 관료제)이 학교를 망가트려온 실상이 적나라하게 드러난다. 그동안 분에 넘치게 짊어지고 있던 짐에 짓눌린 학교의 민낯을 본다. 우리에게 익숙한 교육 체제를 과감히 버리고, 미래 사회에서 학교가 어떤 구실을 해야 할지 처음부터 다시 고민한다. 이제는 학교를 짓누르는 모순들을 비판적인 관점과 방식으로 소화한다. 앞으로 코로나19의 변형이나 또 다른 재난이 닥쳐도 잘 대처할 수 있다는 자신감이 생긴다. 코로나19를 겪으면서 변화된 세상을 대비하는 학교와 교육 체제, 그리고 사회 구조를 마련한 덕분이다. 구조 모순을 이겨낸 새로운 학교를 우리가 만들어냈다.

학교가 이런 기능을 할 수 있게 된 이유는 교육 개혁하고 동시에 진행된 사회 개혁이 성공한 덕분이다. 전염은 '접촉'으로 퍼져 나간다. '접촉' 없는 삶이 얼마나 황폐한지 우리는 절절히 느낀다. 우리가 서로 연결돼 있다는 당연한 사실을 자각하면서, 확대 재생산 자본주의의 경직성과 재난의 불평등을 목격한다. 재난 지원금을 일시적으로 지급하는 정책은 진정한 해결책이 되지 못한다. 사람들은 점차 사회 구조가 근본적으로 변화해야 한다고 생각하게 된다. 그동안 가려진 온갖 어두운 면이 드러나면서 우리는 근본적인 사회 구조 개혁을 향해 나아간다.

이제 어떤 진로를 택하고 무슨 직업을 갖든 인간다운 삶을 살수 있는 실질 임금과 사회복지가 보장된다. 해당 분야의 전문적 직능을 두고 실무 경쟁이 벌어지기는 하지만, 선별과 배제를 목적으로 한 일률적 시험이나 경쟁만을 위한 경쟁은 사라진 지 오래다. 직업에 따른 차별이 없어진 때문이다. 고용 형태, 출신 대학, 직업군이 달라도 임금과 근무 여건은 차이가 거의 없다. 학벌주의가 힘을 발휘하지 못하면서 입시 경쟁도 당연히 사라진다.

교사 임용 과정에서 일어난 변화도 여기에 영향을 미친다. 교육자로서 아무런 소명 의식 없이 교직에 발을 들이는 나 같은 교사들이 이제는 거의 없다. 예비 교사는 기출 문제를 달달달 암기하는 임용 고사 대신에 3년 이상 현장 실무를 쌓으면서 교직이 정말 자기에게 맞는지 계속 고민한다. 학교 현장에서 겪는 다양한 경험을 바탕으로 교직을 이어갈지 말지를 선택한다. 인사 특혜 시비도 없다. 불평등이 완화된 우리 사회에서, 교직은 경제적으로 가장 소박한 조건을 갖춘 직업군에 든다. 그래서 어렵고 힘들어도 교육을 통해 더 좋은 사람과 세상을 그릴 수 있다는 희망을 품은 사람들이 몰리는 직업이 된다.

자연스레 교육은 시장의 논리에서도 거리를 두게 된다. 물질적 부를 뽐내는 삶은 천박하다는 사회 분위기가 자리잡고 '과잉 소비주의'가 반성의 대상이 된 세상이다. 인간의 성장과 인간들 사이의 관계에 관련된 영역, 곧 교육에 시장의 논리가 들어설 자리는 없다. 학생과 학부모는 학교에서 하는 교육을 시장 교환 관계로 보지 않는다. 교사와 학부모는 민주주의 공동체를 살아갈 시민으로 성장할 아이들을 돕는 동반자가 된다.

맞다. 상상이다.

'미래'도 학교는 가기 싫겠다

'창의적 민주시민을 기르는 혁신미래교육.' 서울시교육청이 만드는 공문, 책자, 플래카드에 적힌 선언적 문구다. '창의적 민주시민'? 형용 모순인가. 다시 읽어보자. 용어를 뜯어보니 '창의'와 '민주시민', 그리고 '혁신'과 '미래'로 나뉜다. '창의'와 '미래', '민주시민'과 '혁신'이 각각 대구가 된다. 민주주의 사회를 살아갈 민주 시민이면서, 미래 사회를 살아갈 창의적 인재를 기른다? 둘 중 하나도 어려운데, 둘을 동시에 하려고 하다니, 교육청이 밝힌 포부가 대단하다.

2019년 7월, 서울시교육청은 '혁신학교'와 '미래학교'를 합친 '혁신미래학교'라는 새로운 학교 모델을 만드는 정책을 발표했다. 서울시교육청이 제시한 '혁신미래학교 4대 중점 과제'에서 알 수 있듯이, '미래 사회를 대비한 교육과정과 학교 환경'(미래학교)과 '교원의 성장과 협력의 학교 문화'(혁신학교)를 한 학교에서 구현하려는 구상이다. 정말 '잘 되면 좋겠다'고 먼 곳에서 박수 쳐주고 싶다.

그런데 이 포부가 남 일이 아니게 됐다. 우리 학교가 1기 혁신
미래학교 운영 학교로 지정됐다. 혁신과 미래, 창의 인재와 민주
시민. 우리도 정말 두 마리 토끼를 다 잡고 싶다. 우리 학교가 지
난 9년 동안 만들어온 혁신학교의 '민주' 공동체에 '미래' 사회를
살아갈 아이들의 성장을 돕는 학교의 모습을 입힐 수 있을까.

1년 정도가 지난 지금, 두 마리 토끼를 다 잡고 있을까. 여전
히 요원하다. 정책의 목표와 학교가 놓인 현실의 괴리를 담당자
의 '헌신'으로 메꿀 생각이 없는 내가 혁신미래부 부서장인 탓이
크다. 그러나 정책을 총괄 지원하는 관료제도 새로운 학교상을
담기에는 역부족으로 보인다. 그럴듯한 작명이 학교를 바꿀 수
는 없다.

정책 목표로 볼 때 혁신미래학교는 학교 운영의 총체적 변화
가 뒤따라야 한다. 교육과정의 자율성(유연화), 행정 간소화와 인
사 지원, 학급당 학생 수 감축(교원 증원), 학교 민주주의 공고화,
공간 재구조화, 스마트 기기와 소프트웨어 구축 등이 동시에 고
려돼야 한다. 그런데 이 정책을 주관하는 본청 안에서도 행정 칸
막이가 분리된 탓에 혁신과, 인사과, 시설과, 중등교육과가 함께
학교 현장의 고충을 듣고 통합적으로 지원하지는 못하고 있다.

혁신미래학교는 2015년부터 '미래학교'를 운영한 창덕여중 모
델을 확산하는 정책이다. 창덕여중은 특색 있는 교육과정, 테크
놀로지 교육 환경, 수업 혁신, 교원 공동체 문화 등 여러 분야에
서 대단한 성과를 거뒀다. '미래교사네트워크'를 중심으로 서울

- 성장을 돕는 혁신 미래형 교육과정 — 미래학교
- 삶을 만들어가는 학교 환경 — 미래학교
- 도전하고 성장하는 교원 — 혁신학교
- 공유하고 협력하는 학교 문화 — 혁신학교

곳곳에서 열정 있는 교사들이 단계적으로 전입해왔고, 학급당 학생 수 15명 이하, 교원 티오 순증, 미래학교를 시작하면서 진행된 공간 혁신 등 제도적 뒷받침도 있었다. 그런데 5년 전에 실행한 미래학교 정책과 현재의 혁신미래학교를 비교하면, 제도적이고 행정적인 개선안은 없거나 오히려 후퇴하는 중이다.

혁신미래학교가 미래학교의 저변을 확대하는 정책이라면, 교사의 열정에만 기대지 말고 운영 학교에서 요청하는 지원 사항을 정책에 적극 반영해야 한다. 그런데 이전까지 대부분의 정책 학교에서 그래왔듯이 이 정책도 단위 학교 교사의 헌신에만 기댄다는 느낌을 받는다. 전폭적인 예산 지원에 고마워하면서도, 예산이 정책 지원의 전부가 되면 안 된다고 생각한다. 운영상의 어려움에 관련된 질의와 요청을 한다. 그러나 우리가 한 요구는 쉽게 묻힌다.

특히 테크놀로지 기반 수업을 지원하는 테크센터는 각종 스마트 기기와 소프트웨어를 관리하고 대여하는 미래학교의 핵심이다. 그런데 여기서 일하는 직원은 연간 8개월 이내만 채용할 수 있는 기간제 노동자다. 정규 직원을 지원해달라고 요청하지만, 교육청은 비정규직의 무기계약직화를 막는 방침 때문에 어렵다고 한다. 그리고 기간제 노동자의 계약이 끝나면 3개월 이내의 초단기 비정규 계약이나 외주 용역 형태의 계약을 단위 학교 차원에서 체결하라 한다. 정규 직원을 지원하지 않는 정책이 '전혀 혁신적이고 미래지향적이지 않다'는 생각에 온라인과 오프라인 회의에서 계속 문제를 제기한다. 그러나 거부된다. 결국 2020년 하반기 동안 기간제 직원 계약 종료, 교원의 임시 상주, 외주업체 선정과 채용이 이어졌다. 그 과정에서 테크센터 운영과 유지, 관련 계약 체결, 직원 재교육 등 행정 업무는 당연히 우리 몫이다.

그러면서 교육청은 학교에 협의회나 발표회 등에서 활용할 보고서와 발표 과제를 하달한다. 이를테면 2020년 8월 19일에 문재인 대통령이 미래학교 창덕여중을 방문했고, 조희연 서울시교육감도 자리를 함께했다. 교육감은 혁신미래학교 진행 상황을 점검하자 했고, 나는 다음날 중간 보고서를 작성해 올리라는 담당 장학사의 연락을 받았다. 주말을 포함해 사흘 안에 지난 1년 동안의 중점 과제별 운영 경과와 자체 평가, 지출 현황을 정리해야 했다(8월 25일). 국가 관료제의 정점에 있는 행정부 수반의 발걸음에서 맨 아래에 놓인 현장 공무원의 보고까지 딱 6일이 걸렸다. 단위 학교의 혁신과 미래에 관한 무한한 상상력이 필요한 '혁신+미래'학교도 관료제가 하달하는 명령을 수행하기 바쁘다.

'가치'를 담은 어떤 용어도 관료 행정을 통과하면 무색무취하

〈혁신미래학교 1년 중간보고서〉(2020. 9. 22)에 담은 정책적 요청과 답변의 일부

- "테크센터 매니저를 안정적으로 고용할 방안을 마련해주세요." → "어렵다."
- "공문에 '창덕여중에 준하(되 다소 조정될 수 있음)'라고 했듯이, 교원 수를 순증해주세요." → "어렵다."
- "학급당 학생 수를 15명 안팎(창덕여중 수준)으로 조정해주세요." → "어렵다."
- "교육과정 운영의 유연화와 자율성을 갖게 해주세요." → "어렵다."

공강 시간에 테크센터를 관리하는 우리 부서 선생님. 혁신미래학교라는 그럴듯한 작명이 학교를 바꿀 수 없다. 교사의 자구책은 고장난 관료제 시스템을 굴러가게 하는 윤활유다. 그래서 관료제는 오늘도 반성하지 않는다.

게 퇴색되는 현실은 '미래'라고 예외일 수 없다. 지금 한국의 공교육에서 '미래'란 무선 와이파이를 교실에 설치하거나, 스마트패드와 3차원³ᴰ 프린터를 설치하는 등 하드웨어를 구축하는 의미로 축소된다. 혁신미래학교는 말 그대로 '아직 오지 않은 세상'(미래**)을 상상하고, 그런 세상에서 학교의 모습에 관한 생각을 찬찬히 모아가야 한다. 그런데 미래라는 단어가 붙은 정책학교는 막대한 예산을 교부받아, 세세한 예산 집행 기준과 행정 절차를 지키면서, 하드웨어를 구입하고 관리하는 데 급급하다. 여기에 대고 미래 사회의 모습, 학교 교육의 목표와 새로운 교육과정을 말하기는 어렵다.

혁신미래학교 정책을 추진하는 속도와 방식이, 오히려 혁신학교 10년 동안 만들어온 숙의 민주주의 문화를 해치고 있다는 생각까지 든다. '혁신+미래'가 아니라, '혁신을 잡아먹는 미래'가 되지 않을까 걱정된다. 예산은 '무엇'을 위한 수단일 뿐이다. 예산 쓰기가 의미 있으려면 그 '무엇', 곧 우리의 교육 활동이 어떤 목표를 위해 어떻게 다가가야 하는지에 먼저 관심을 가져야 한다. 좁은 의미로 던져진 미래에 허덕이지 않고, '혁신'의 민주적 의사소통 과정 속에서, '미래'를 받아들이고 싶다. 혁신이 우선이고, 그러고 나서야 미래가 있다.

아파트값이 학교를 이긴다

'○○○, 나는 죽어서도 너를 잊지 않겠다.' 이 섬뜩한 플래카드 문구를 보라. 연쇄 살인마를 향한 분노가 아니다. 서울 어느 지역에서 혁신학교 지정에 반대하는 사람들이 학교장 이름을 넣어 길바닥에 내건 말이다. 학교 구성원들이 정당한 절차를 밟아 제출한 혁신학교 지정 신청이 아파트값을 떨어트린다는 이유로 저지된다. '그깟 세금 몇 푼 던져주는 거 필요 없다'고 한다. 행정구역, 단지, 동, 평수로 쪼개가면서 부를 기준으로 차별화하는 돈의 세상이기는 하다. 그런데 이제는 돈, 돈돈, 돈돈돈의 논리가 학교 운영 방향까지 쥐고 흔든다.

부동산 재테크 책 한 장 읽어본 적 없지만, 훈수는 둘 수 있다. 부동산이라는 사적 소유물의 절대적 권한을 내세우는 말과 부동산 규제 정책를 비판하는 말은 애초에 앞뒤가 안 맞는다. 부동산 가격이 대중교통과 접근성, 학군, 공원, 도서관, 상하수도, 전기, 심지어 자연 경관 등 사회의 '공공 자본'에 기대고 있다는 사실(이런 요소들이 이른바 '호재good news'다)을 공공연히 말하면서도, 아파트값을 떨어트릴 수 있거나 세금을 부과하는 공공 정책에는 분노한다. 거기에 원주민을 쫓아낸 토지 개발, 은행의 대출 이자놀이, 재벌 건설사가 얻는 특혜, 임금 인상률보다 높은 인플레이션, 건설 현장 임노동자의 노동력 등이 더해지는데, 이런 현실은 부동산 가격이 빈자들의 주머니를 턴 것에 발 딛고 있다는 의미다. 그렇게 만들어진 부동산 신화가 거꾸로 학교를 공격한다. 학교가 부동산에 진다. 시장 논리가 교육에 깊숙이 개입한다.

더 심각한 일이 벌어지고 있다. 코로나19 상황에서 학교 안에도 돈의 논리가 깊숙이 침투한다. 원격 수업을 해야 하는 학교는 글로벌 기업이 만든 스마트 기기와 소프트웨어를 전면적으로 이용한다. 딱 1년 사이에 학교는 글로벌 기업의 기술력이 없으면 교실 수업, 원격 수업, 과제 수행, 설문, 공지가 어려운 처지가 된다. 더 편리한 기술과 더 많은 기능을 갖춘 기기가 끊임없이 쏟아진다. 이 프로그램들은 '기술 통제와 감시 체제를 구축'하는 데 쓰일 수 있는데다가 앞으로 유료화되면 얼마나 많은 비용을 부담하게 될지도 모르는 상황이다. 그런데 국가가 나서서 이런 기술이라도 이용해서 원격 수업을 하라고 권장한다.

온갖 기술 유토피아 담론들이 펼쳐진다. '실시간 쌍방향 원격 수업'이 교육의 미래라 단정짓고, 교사의 수업 방식에 적용하라며 강제한다. 교사와 학생, 사람과 사람의 만남 속에서 괜찮은 '관계'를 만들어가는 과정은 중요하지 않나 보다. 스마트 기기를 잘 다루지 못하는 사람이나 실시간 쌍방향 수업이 필요하지 않다고 생각하는 교사는 시대 변화를 따라가지 못하는 무능력자로 인식되는 묘한 분위기가 형성된다. 교육자로서 지니는 사명

---

* 채효정, 〈'구글리피케이션' ― 온라인 교육 시장이 공유지를 약탈하는 방법〉, 《오늘의 교육》 56호, 교육공동체벗, 2020.

스마트 기기를 활용해 모둠 프로젝트 수업에 참여하는 학생들. 교육에 기술 유토피아 담론이 펼쳐진다. 그러나 교육은 자기 자신, 그리고 주변 사람들하고 맺는 '관계의 예술'이고, 기술은 그 과정에 필요한 수단이다.

감과 교육 프로그램 사용 능력이 일치한다는 전제 아래 대화가 오간다. 심지어 등교 방식을 바꾼다는 발표를 주말에 하는 바람에 당장 이틀 뒤에 할 수업을 다시 구상해야 한다. 교사는 교육 전문가가 아니라, '수업 찍어내는 기계'가 된다.

미래 교육 이전에, 내 미래가 더 걱정이다

2021년 3월. 코로나19로 달라진 일상을 산 지 1년이 지났다. 학교도 새 학년도를 준비한다. 교육부는 연간 수업 일수를 '정상적'으로 진행하고 수능은 꼭 예정대로 치루겠다는 비장한 발표를 한다. 원격 수업은 줄이고 등교 일수는 늘린다고 한다. 그런데 단위 학교 방역에 관련한 예산과 인력 지원은 오히려 줄어서, 단위 학교가 줄어든 몫을 부담한다. 감염 위험은 더 높아지지만, 관료제는 방역 지침을 세세하게 업데이트해 배포한 뒤 교사에게 '자가 진단' 여부를 철저히 챙기라고 지시하면 된다. 방역까지 더해진 학교의 부담은 '학교 자율'로 불리고, 감염 때 따지는 책임성은 교사의 '메뉴얼 이행 여부'와 '자기 처신 관리'로 옮겨간다.

교실 면적에 견줘 2미터 이상 거리 두기를 할 수 있게 학급당 인원수를 20인 이하로 줄이자는 현장의 목소리는 무시된다. 오히려 교육부는 학령기 인구 감소를 '대비해' 해마다 정규 교원 수를 크게 줄였고, 2021년에도 서울만 1100명이 넘는 교원을 감축한다고, (코로나 이후를 '대비'한 미래 교육의 상상이 한창 쏟아지던) 2020년 8월에 일찌감치 발표했다. 그리고 학교와 교실의 문화와 맥락에 어색한 비정규 교사의 비중은 계속 높아진다.

비정규로 채용된 교사의 (뛰어난 전문성과 교수 역량은 논외로 하고) 단위 학교 배치는 지난 몇 년 동안 관료제가 교육 현안을 편하게 해결하려고 맛들인 방식이다. 이런 방식은 '수요자 중심 교육'과 '교육 다양화'라는 겉보기에 그럴듯한 명분을 지니면서도, 교육부와 교육청이 감당하지 않아도 되는 인력 수급 효과를 낸다. 교육청은 문화예술 강사, 스포츠 강사, 영어 전문 강사, 자유학기 강사, 기초학력 협력 강사 등 고용 안정과 적정 임금을 보장하지 못하는 불안정 일자리를 만들어 학교에 몰아넣는다.

이런 상황은 두 경로로 학교와 교사를 괴롭힌다. 실무적으로는 이 분들에 관련된 채용, 근태 관리, 서류 보고 같은 행정 업무는 온전히 학교의 몫이다. 더 근본적으로는 교육과 수업을 투입과 산출의 자판기로 보게 만든다. 교육이 사람과 사람 사이의 지속적인 '관계' 맺기 과정이라는 사실은 점점 잊힌다. 설사 의미 있는 교육적 효과를 거두더라도, 이런 정책을 펼칠 때는 특수한 상황에서 신중하고 '예외적'으로 적용해야 했다. 이제 비정규 교원 투입 정책은 관료제가 문제를 땜질하는 최우선 방책이 됐다.

교사는 사회적으로 궁색한 처지에 몰려 있다. 교사들은 코로나 바이러스를 만들어내거나 어떤 음모론처럼 확산시키지 않았다. 정상적인 일상이 불가능한 상황에서, 방역 지침을 잘 지키면서도 '정상적인' 교육 활동을 하라는 요구를 받았고, 그 요구에 충실하게 제 몫을 했다. 그런데 교사는 '안정된 월급을 받는다'는 사실만으로 비난을 받았다. 교사를 향한 사회적 불신이 깊어지고, 관료제는 제대로 교육하기 위해 도움을 요청하는 교사의 목소리보다 교사를 욕하는 외부의 따가운 시선에만 민감하다.

교사들은 이번에도 보도 자료로 여론의 불신을 접하고 자조한다. '우리가 사회적으로 신뢰받지 못하는구나.' 보도 자료를 '복붙'한 수준일 뿐인 공문이 며칠 뒤 내려오면, 등교와 복무 지침, 수업과 평가 기준 등 문구 하나, 단어 하나, 조사 하나에 더 집착해 읽는다. 지침이 오기 전에 반 발짝 먼저 판단하고 적극적인 대응을 모색하기도 했지만, 딱딱한 지침에 따라 우리가 한 논의들이 좌절되는 경험을 반복하다가 그렇게 됐다. 적극적인 대처는 팬한 짓이 돼서, 마냥 기다리다가 하라는 대로 움직이는 방식에 익숙해진다. 긁어 부스럼 만드느니, 가만히 있는 게 더 현명하다. 교육 활동을 정량화해 우열을 나눌 수 있는지 의문이지만, 돈 몇 푼 더 주거나 덜 주는 성과급이 차등 지급되고 교원 평가가 계속된다. 타율형 인간형으로 굳어져 간다.

이렇게 시종일관 타율로 길들이다가, 방역, 예산, 수업 플랫폼 등 약간 개선된 학교 현장 지원책을 제시하면 교사가 곧바로 능동적인 교육 활동을 할 수 있다고 여긴다. 그리고 이제 자율과 책임을 온전히 쥐어본 적 없는 교사에게 왜 이렇게 적극적으로 움직이지 않냐고 추궁한다. 뒤로 물러나게 밀어만 대다가, 갑자기 손을 떼더니 이제 앞으로 당당히 걸어가라고 한다.

미래 사회든 민주 시민이든 창의 인재든, 교사인 나부터 몸과 마음이 건강해야 한다. 자기 자신을 못 믿는 교사는 동료도 못 믿고, 학생들은 더더욱 못 믿는다. 낮은 자아는 나하고 다른 생각을 마주하면 자기 자신을 향한 공격으로 받아들여서 더 강하게 상대방을 몰아붙이거나, 반대로 강하게 구속당하기를 스스로 바라는 마음에 다다른다. 그리고 이런 마음은 학생들에게도 영향을 미쳐서, '애들은 쪼아야 돼'가 전혀 이상하지 않게 된다. 예민해진 마음에, 원격 수업으로 학생들을 만나지 못하는 답답함이 더해져, 날카로운 신경전이 오간다.

코로나도 학교를 멈출 수 없었다.

완벽할 수 있다는 자기 주문보다는

사는 건 결국 '자존감 수업'이다. 적정한 자존감을 유지하는 게 평생의 관건이다. 그런데 숨쉬고 있는 지금 이 순간이 모순 덩어리다. 살고자 하는데 죽음을 향해 가고 있기 때문이다. 가치관도 그렇다. 자기가 옳다고 믿는 가치를 스스로 어기는 경우가 많다. 환경 보호를 외치지만, 아무렇지 않게 카페에서 일회용 컵에 테이크아웃을 한다. 보편적인 인권을 외치지만, 낯선 사람을 마주치면 나하고 구별 지으려는 마음이 먼저 생긴다. 민주주의의 이상을 품지만, 권위에 기댄 결정을 하고 싶다. 내 자식을 혁신학교에 보내고 싶지만, 나중에 입시에 유리한 학군으로 전셋집을 알아봐야 하지 않을까 걱정한다. 한 명 한 명이 소중한 인격체인 걸 알지만, 학기초에 수업에서 만나는 백 명이 넘는 학생들 이름을 외우기는 힘들다(마스크 쓴 요즘은 더 그렇다). 아무도 완전 무결한 사람이 될 수 없다. 내가 그렇다.

모순된 언행을 한다는 사실보다는 그 모순을 대하는 자세가 중요하다. 나는 모순되지 않다는 자기 주문을 하면 할수록, 실제로 그럴 수는 없기 때문에 자존감은 더 낮아진다. 내 안의 모순을 있는 그대로 직시하고, 인정할 건 인정하고, 그래도 자기한테 덜 민망하게 조금씩 바꾸려고 고민해야 한다. 한결같을 수는 없지만, 노력한다. 계속 실패하지만, 그런 시도들이 모여, 나름대로 일관성 있는 나를 만들어간다.

이런 나를 만들기 어려운 이유는 내 의지가 부족하기 때문만은 아니다. 구조 모순은 우리를 더 모순된 삶을 살게 한다. 자기가 세운 원칙을 굳건하게 지키고 싶지만, 적당한 처세술이 통용되는 세상에서 그 의지가 자주 꺾인다. 돈을 넘어서는 가치를 추구하지만, 돈이면 다 되는 세상에 순응한다. 따라서 구조 모순을 무시한 채 '신' 같은 완전무결한 사람이 되려는 생각은 더 무모하다. 교사는 '온전한 교사'이기 어렵다. 사회와 역사, 제도와 관행이 학교 안에서 교사의 행위, 관계, 자세, 사고를 뒤흔든다.

내 안의 모순처럼 구조 모순도 있는 그대로 바라보고 할 수 있는 만큼 바꾸려는 시도를 해본다. 각자가 한 시도가 모여 지금의 세상을 만들었다. 나와 주변의 변화가 조금씩 더해져 결국에는 더 좋은 사회를 만들 수 있다. 그런 사회에서 나는 좋은 사람, 좋은 교사가 될 수 있다.

경계선, 우리가 서 있을 곳

'성을 쌓는 자 망하고 길을 떠나는 흥하리라.' 유목주의의 금언입니다. 창조는 변방에서 이루어집니다. 중심부는 지키는 것에 급급할 뿐입니다. 변방이 창조공간입니다.

그러나 변방이 창조공간이 되기 위해서는 결정적인 전제가 있습니다. 중심부에 대한 컴플랙스가 없어야 합니다.

컴플랙스가 청산되지 않는 변방은 중심부보다 더욱 완고한 교조(敎條)의 아성이 될 뿐입니다.

— 신영복 선생 추모공원 비목에서

신영복 선생은 중심(주류)를 벗어난 자유로운 공간에서 새 역사가 시작될 수 있다면서 '변방성'에 의미를 부여했다. 변방은 주류에서 자유롭기에(자유를 위해 발버둥치기에) 중심부에 대한 콤플렉스가 없(어야 하)고, 그래야 창조 공간이 될 수 있다. 그리고 중심부를 향한 콤플렉스를 극복하려면, 내 안의 '보수성'을 낮춰야 한다.

'보수성'은 기질적이면서, 한편으로는 자기가 놓인 우월한 위치에서 실행하는 반사적인 대응이기도 하다. 돈, 권력, 직책, 인맥 등 손에 많이 쥐고 있는 사람들은 지금 세상이 좋다. 반대로 이런 사람들은 세상이 변하면 잃을 게 많다. 기득권자들은 손에 넘치게 쥔 것들을 하나라도 놓칠까 마음이 불안하다. 더 많은 부와 권력만이 그 욕망을 잠깐 달랠 수 있다. 그래서 세상 부러울 것 없어 보이는 사람들이 더 많은 것을 얻으려고 유치한 행동도 서슴지 않는 일들이 자주 일어난다.

각자의 마음속에도 '기득권' 심리가 자란다. 잃을 것 없이 살아온 나도 모든 게 부족하던 시절이 벌써 먼 옛날 같다. 객관적으로 그렇지 않다고 하더라도, 손에 쥐고 있는 게 많다고 스스로 믿을수록 점점 보수적인 판단을 하게 된다.

보수성은 세상을 보는 눈과 판단을 흐리게 한다. 잃을 게 많다는 생각이 자리잡는 순간, 그 문제 자체를 보고 주어진 상황을 판단하기 어렵게 된다. 그래서 주류에서 가장 먼 자리에서 주류에 대항하던 사람이 권력을 잡게 되면 똑같이 권력으로 모든 문제를 해결하기 위해 밀어붙이려 든다. 현실 논리, 상황 논리, 관계 논리가 파고들어, 자기가 옳다고 생각하는 결론, 그러니까 현재 상태를 유지하는 쪽에 기운 결론을 내리기 쉽다.

변화를 원하는 사람은 자기가 쥐고 있는 것, 쥐고 있다고 자부하는 것을 계속 내려놓는 연습을 해야 한다. 내 안의 모든 보수성을 내려놓고, 경계선에 서 있고 싶다. 남들이 볼 때는 '모(서리에)난 놈'일 수 있지만, 변방에서 이상과 현실 사이를 오가며, 세상이 그려놓은 경계에 서 있고 싶다. 주류의 논리에 맞서, 그 논리를 깨려고 줄타기하는 '경계인marginal man'으로 살고 싶다. 구조가 강제하는 힘이 워낙 거세서 여기에 서 있기도 힘들어 계속 튕겨 나갈지 모르지만 말이다.

경계인 1, 학교 스마트폰 사용 규칙 수업

학교에서 학생이 스마트폰을 사용하는 문제를 바라보는 관점은 유독 다양하다. 누구는 스마트폰을 인간의 삶에서 생필품이 된 '불' 또는 '신체의 일부'라고 보기도 하고, 다른 한편에서는 스마트폰이 '질병' 또는 위험을 초래하는 '운전대'인 만큼 노출을 최소화해야 한다고 보기도 한다.

내 관점은 두 의문에서 시작한다. "교사와 학교는 학생이 스마트폰을 소지하지 못하게 '강제'할 수 있는가? 나는 무슨 권한으로 타인의 소지품에 관련해 아예 소지를 '배제'할 수 있는가?"

휴대폰을 수거하는 학교 규칙이 있을 때 겪은 안 좋은 기억도 떠올랐다. 빼앗은 스마트폰을 돌려주면서 학생들을 통제하는 수단으로 쓰는 선생님들이 있었고, 나를 비롯한 교사와 어른들 중에도 중독자가 많은데 왜 학생들만 문제 삼는지도 궁금했다. 스마트폰을 당장 눈앞에서 안 보이게 하는 상황은 교사 눈에만 좋아 보일 수 있다.

최소한 '적극적 활용과 중독'과 '질병과 생필품' 사이에서, 학생들이 스마트폰을 어떻게 생각하는지 스스로 생각할 기회를 가질 수 없을까? 학교에서 스마트폰을 사용하는 문제에 관련해 어떤 원칙을 세울 수 있는지를 사회 수업에서 함께 생각하고 관점을 세운다. 그리고 교육과 수업의 '수단'으로 스마트 기기를 활용해 학습참여도를 높이고 효과적인 협력 활동을 돕는다. 스마

학교에서 스마트폰을 사용하는 원칙에 관한 모둠 프로젝트 수업 결과물. 스마트폰 사용 습관을 돌아보면서 공동체에서 지켜야 할 생활 규칙을 스스로 만들어갈 수 있지 않을까.

올바른 스마트폰 사용 방법

학생의 정당한 권리인가? 교육적으로 금지되어야 하는가?

스마트폰 사용의 장점

1. 편리하고 쉽게 가장 도움되는 정보를 얻을 수 있다.
2. 정보를 얻고 빠르게 찾을 수 있다.
3. 친구들과 전화나 문자를 주고받을 수 있다.
4. 친구들과의 약속 등을 쉽게 정할 수 있다.

스마트폰 사용의 단점

1. 중독에 더 쉽게 빠지게 될 수 있다.
2. 너무 장시간 휴대 전화를 사용하면 극심한 두통들이 올 수 있다.
3. 친구들과 소통이 부족해질 수 있다
4. 스마트폰 사용하다보면 잠을 늦게 자는 경우가 대부분이다.

스마트폰 사용의 장점을 누리면서, 장점을 살리는 방법은?

너무 긴시간 사용하지 않고 필요한 중요한 정보를 얻을 때에만 물론 꼭으로 사용한다.

스마트폰과 우리의 일상

게임을 할때 보이스톡을 하여 친구들과 소통하며 재미있게 할수있다.

친구들의 약속을 잡을 때 더 편리하게 모을 수 있거나 서로 다른 일정이 있어도 실시간으로 쉽게 공유할 수 있다.

친구들과 언제든지 연락할 수 있고, 낯설거나 위험한 곳은 없는지 등 정보들을 쉽게 얻을 수 있다.

손쉽게 뉴스를 접할 수 있고 그리고 친구들과 안면이나 대화를 나눌 수있다.

학교에서 스마트폰을 사용에 대한 우리학급 학생들의 생각은?

1. 등교할 때 지갑 금지칸에 두고오기!
2. 등교 시에 잠현실 끄고, 하교할 때 켜기(알림 등)(선생님이 조회 때 수거, 종례 때 배부)
3. 수업시간에만 사용을 금지하고, 쉬는 시간 점심시간에서는 사용 가능
4. 언제든 하고 싶을 때 편하게 사용

우리학급의 설문결과

우리반은 96.3%로 거의 전체의 학생이 쉬는 시간에 사용하는 것을 원하고 나머지 소수의 학생은 등교 시에 전원을 끄고 하교할 때 켜는 방법을 원하는 그래프 결과가 나타났다.

(선생님이 AirDrop으로 전송)

우리 학급의 스마트폰 사용원칙을 정한다면?

학교에서의 스마트폰 사용 금지에 대한 반박

반대 주장 중 학생이 스마트폰 중독에 빠지게될 수 있다는 근거로 말을 하는데

이미 다 큰 성인들 중에서도 컴퓨터 스마트폰 중독인 사람들이 많이 있다.

이처럼 학생들만 빠지게 되는 것이 아니므로 제한하고 못하게 하기 보다는 올바른 스마트폰 사용 방법을 가르쳐주어서 학생이 더 올바른 길로 자랄 수 있도록 해주는 것이 가장 좋은 방법인 것 같다.

트 기기의 자료 제공, 정보 검색, 문서 공유, 온라인 피드백 기능을 활용해 모둠 프로젝트 학습을 한다. 1학년 전체가 낸 보고서를 모아 학생자치회에서 학교 규정 제정안과 개정안을 공론에 부칠 때 참고할 자료로 제출한다.

이 수업은 학교 규율과 학생 자치, 오프라인과 온라인, 개별 활동과 모둠 활동, 앎과 삶 등을 연결하려는 시도다. 이런 과정을 거치면서 학생들은 자기 의견이 사람들 사이에서 충분히 다뤄지고 학교 생활의 원칙으로 반영되는 경험을 할 수 있을까? 각자가 스마트폰 사용 습관을 돌아보면서 공동체 속의 생활 규칙을 주도적으로 만들어갈 수 있을까?

경계인 2, 학교폭력 예방 기여 교원 가산점 거부 의견

자연물처럼 사람들 누구나 마음속에 흐름을 유지하려는 관성이 있다. 관성慣性이란 무엇일까.

관성 물체가 자기의 운동 상태를 지속하려는 '익숙한 성질.' 보통 질량質量이 클수록 물체의 관성이 큼.

내 마음속에서 가장 익숙하고 큰 질량을 차지하면서 나를 가장 괴롭혀온 게 무엇일까? 앞으로 교사로 살면서 나와 나를 만나는 학생들을 힘들게 할 관성은 무엇일까?

'나만 살아남으면 돼'였다. 그 마음의 관성대로 나는 살아남아 왔고, 그 관성은 생존 전략이 돼, 능력주의라는 '마음의 체제'로 자리잡았다. 능력주의는 관료제와 권위주의보다 어쩌면 더 단단한 모순이다. 제도와 법으로 강제되기 이전에 사람들 내면에 이미 자리잡은 '신념'이기 때문이다. 관료제와 권위주의에 맞설 때는 내 안의 거부감을 솔직하게 발산하면 된다. 그 감정을 한 번 드러내기가 힘들지, 그 뒤에는 그리 어렵지 않다. 능력주의는 그렇지 않았다. 내 안에서 부정의 영역이 아니라 '긍정의 영역'에 자리잡고 있기 때문이었다. 경쟁의 연속. 일생을 함께한 중간고사, 기말고사, 모의고사, 수능, 자격증 시험, 어학 시험 등 절차적 공정성 위에 놓인 경쟁에서 '생존'하면서 '능력주의'는 자랐다.

또다시 내 앞에 놓인 취업 경쟁, 임용 고사. 아무 교사나 붙잡고 임용 고사를 준비한 기간이 예비 교사로 성장하는 시간이었는지, 그리고 임용 고사가 교사로서 지녀야 할 자질과 가능성을 제대로 평가하는 과정인지 물으면 자신 있게 그렇다고 대답할 수 있는 사람이 얼마나 될까. 취업난 속에서 살아남은 '성실성'은 칭찬받을 만하지만, 어떤 의미를 더 찾을 수 있을까? 시험은 좋은 교사를 학교로 끌어당기는 유인이라기보다는 안정된 직업을 가질 수 있다는 통과 도장을 받는 절차가 아닐까? 그래서 이제는 능력주의를 내려놓자고 다짐한다.

이 다짐을 실행하는 일은 또 다른 차원의 문제다. 거의 30년

학폭 예방 기여 교원 가산점 신청 거부 의견

지난 교직원회의 때 말씀드린 제 의견을 메시지 드립니다.

1. 거부 이유

1) 우리가 하는 모든 교육 활동이 학교 폭력을 예방한다고 생각합니다. 담임, 업무, 동아리, 상담, 행정 등 모두가 직간접적으로 여기에 기여하고, 누가 더 잘했다기보다는 서로가 여러 형태의 협업을 통해 예방합니다.

2) 가산점은 교사 간 사이를 우열로 가르고, 관료제가 교사를 길들이는 수단이라고 생각합니다. 심지어 직무 간 인원 제한, 기간제 교사는 신청 대상에서 제외된다고 하네요. 교사의 교육 활동에 대한 우열의 잣대에 대해 반대하는 것은 교직의 자존감이 달린 문제입니다.

2. 제안

1) 선생님들이 신청하지 않으셨으면 하는 개인적인 바람입니다.

2) 좀더 적극적으로 제안하자면, 이 정책에 대한 문제 제기 차원에서 우리 학교 전 교사가 신청을 거부하면 좋겠습니다.

3) 개개인의 생각이 다양하실 겁니다. 제 제안을 포함하여, 최소한 신청 기준의 마련(지난 회의 2~3분의 제안) 등 공론화 과정을 거치면 좋겠습니다.

간 생존 경쟁만 해온 나에게는 어려운 도전이다. 조금 돌아가도, 쉬어도, 실패해도, 계획성이 없어도, 바보 같아도, 그러려니 살고 싶은데, 잘 되지 않는다. 경쟁을 위한 경쟁을 그만하고 싶어서, 사회가 정한 기준에 더는 나를 끼워 맞추기 싫어서, 이 관성을 뒤틀어본다. 무엇부터 시작할까? 학생들을 능력주의의 눈으로 보지 않으려면, 나부터 바뀌어야 한다.

교사에게 강제되는 능력주의 기제들을 '굳이' 거부한다. 코로나로 학생들이 학교를 안 와서 학교 폭력도 거의 없는데, 올해도 학교 폭력 예방에 기여한 교원은 가산점을 신청하란다. 그래도 신청하는 게 개인에게는 '합리적 선택'이라고들 하는데, '이성理'에 '부합숍'하는 행동인지 의문이다. 합리와 비합리의 경계에 서서 이의를 제기해본다.

나이가 들어가면서 교사를 '도저히 못해 먹겠다'는 생각이 들 수 있다. 그럴 때 그동안 쌓은 승진 점수가 턱없이 모자라서 다른 길은 막혀버렸으니 학생들하고 잘 지내는 교사를 계속하자는 '긍정적 체념'을 하고 싶다.

점수로 평가받는 삶에서 자유로워져, 스스로 규율을 세우고 반성하는 교사상을 만들어가면 되지 않을까? 우리는 이미 수십 년 동안 세상이 정한 기준에 맞춰 충분히, 그리고 성실히 증명해왔다. 그러니 교사의 유능함을 계속 시험하지 말아달라.

지금까지는 잘 '생존'해왔지만, 앞으로도 '생존'하고 싶지는 않다. 잘 살아가고 싶다.

교사열정도와 자아일치도 평면 위의 어딘가

과거와 현재의 나, 그리고 미래의 나를 가늠하기 위해 2차원 평면도 위에 점을 찍고 점과 점을 선으로 잇는다. 가로축은 '교사

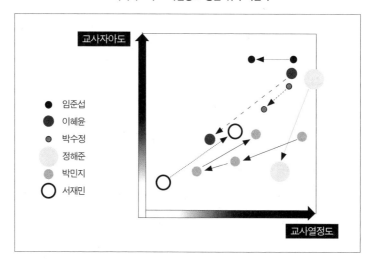

교사자아도와 교사열정도 평면 위의 어딘가

열정도'이고, 오른쪽으로 갈수록 높아진다. 세로축은 '교사자아도'이고, 위로 갈수록 높아진다. 오른쪽 위에 찍히는 점은 교사자아가 자기를 규정하는 자아 그 자체이면서, 교육을 위해 모든 것을 헌신하는 교사다. 교사를 '천직'으로 삼아 열정을 다 바치는 선생님들이 여기에 점을 찍는다. 왼쪽 아래는 열정도 없고 교사 자아도 없다. 주어진 일을 최소한으로 하면서 그냥 월급이나 꼬박꼬박 받고 싶다. 삶의 의미는 학교 밖에서 찾는다. 대부분의 교사는 이 극단 사이 어딘가에 위치한다.

먹고살려고 교직에 첫발을 디딘 나는 왼쪽 아래에서 시작했다. 지금 어디에 위치할까? 내 '자존감'과 '자율'을 위해 이런저런 일들을 하다 보니 시작점에 견줘서는 조금 오른쪽 위로 갔다. 아이들을 만나고 교육하는 일에 관심과 열정이 조금 생겼고, 내 자아에서 교사라는 직업이 차지하는 비중이 커졌다. 그렇다면 '지향점'은 어딜까?

분명하게 말하면 맨 위로, 맨 오른쪽으로 가고 싶지는 않다. 이 우상향하는 경향을 유지하면서 맨 위 오른쪽 끝에 이르고 싶지는 않다. '교사 자아'에 약간 거리를 둔 '본래 자아'가 있으면 좋겠고, 나를 넘어서는 열정을 교직에 쏟아붓고 싶지는 않다. '교사 자아'와 '본래 자아' 사이의 벽은 거둬내지만, 교사 자아가 나라는 사람의 모든 것을 설명할 수는 없으면 좋겠다.

내 모든 것을 걸고 '교직'에 몰입하는 대신, 나를 구성하는 여러 일상의 영역에서 '내적 일관성'을 유지하고 싶다. 나의 내면, 취미, 직업, 동료, 가족, 공부 등 내가 관계 맺는 모든 곳에서 내가 추구하는 가치를 말과 행동으로 소소하게 실천하면서 '그냥저냥 괜찮은 사람'으로 익어가고 싶다. 인권을 주제로 한 완벽한 사회 수업을 짜지는 못하더라도, 내가 마주하는 사람들하고 나이, 직위, 친밀함에 상관없이 존중하는 대화를 나누려 한다. 내 꼬인 감정을 약한 상대에게 풀지 않으려 한다. 환경 문제가 심각하다고 생각하면 소비주의 풍조가 어떤 문제를 일으키는지 보여주는 수업 자료를 모으면서, 화장지를 무심코 뽑아 쓰지 않거나 텀블러를 되도록 가지고 다니려 노력한다.

내 '교사 자아'와 '본래 자아'에 쌓은 인위적인 마음의 벽을 허물되, 이 둘이 서로 좋은 영향을 주는 방식으로 살아가고 싶다.

에필로그

교사를 계속하고 싶다. 매일같이 이상한 일들이 벌어지지만, 나는 학교가 좋다. 복잡한 마음을 잘 다스리면서 이 세계 안에 있고 싶다. 가장 큰 이유는 학생들하고 별 탈없이 한 달을 잘 지내면 생계를 유지할 수 있는 월급을 받는다는 사실이다. 그렇지만 그 사실보다 덜 중요하면서도 한편으로는 더 근본적인 이유가 있다. 얼어붙은 마음을 녹인다.

가난을 말하는 건 언제나 망설여진다. 그 안에 모든 불쌍함을 담고 있기 때문이다. 그래서 담임을 맡으면 가장 곤혹스러운 시간이 학년 초에 상담할 때다. 서로 처음 알아갈 때는 늘 조심스럽지만, 장학금이나 복지 프로그램 대상자인지 파악하려면 학생의 내밀한 영역까지 물어야 한다. 얕은 유대감도 아직 없는데, 가장 어둡고 아픈 구석을 드러내라고 강요하는 듯해 불편하다. 그런 지원이 희망이 되면 좋겠지만, 내 유년 시절보다 더 힘든 상황에 놓인 이 아이들이 품은 불안을 없앨 수 있을까 하는 생각도 든다(그래서 학교 밖 세상의 변화에도 계속 마음이 간다).

가정 폭력은 가난한 집의 전형이나 마찬가지다. 고등학생 시절, 나름 살아보겠다며 늦은 밤까지 독서실에서 공부하고 돌아오면, 집은 눈물바다였다. 나는 가족들의 손을 쓰다듬기보다는, 얼른 씻고 '집중해서' 잠이 들었다. 울고불고 애원해봐야 달라지지 않는다는 현실을 십 몇 년 동안의 경험으로 체득한 때문이었다. 감정을 섞으니, 수험 기간 동안 생활 리듬을 일정하게 유지하기 위해 1분이라도 일찍 잠자는 게 아주 현명한 행동이었다. 그 뒤에도 팍팍한 생애 단계를 거치면서 내가 기댈 곳은 정신 '똑바로' 차리는 단단한 의지밖에 없었다. '똑바로'는 '도덕적 올바름'보다는 계속된 긴장 상황에서 아주 '차가운 결정'을 해야 한다는 의미다. 여기에는 '사사로운 감정'이 개입될 여지가 없었다. 좋게 말하면 '합리적인 판단력'인데, 그러면서 '피도 눈물도 없는 냉혈인'이 돼갔다.

그런데 학생들을 만나는 일을 직업으로 삼으면서 마음이 편안해진다. 학생들이 특별한 감동을 선사한다는 뜻이 아니다. 아이들하고 나누는 '시답잖은' 대화가 편하고 좋다. 어떤 물질적인 조건을 두고 다투거나, 이것저것 재고 숨기는 일 없이, 솔직한 생각을 나누는 대화가 좋다. 나에게는 굳어진 몸과 얼굴을 펴고 이제 '따뜻해도 괜찮다'는 신호로 다가온다.

그래서 계속 교사로 살고 싶다. 교사라는 직업이 사라지지 않으면 좋겠다. 학교가 사라지지 않으면 좋겠다.